Perjalanan Masakan Mediterranean

100 RESIPI UNTUK MENEROKA
RASA DAN TRADISI YANG KAYA
DI MEDITERRANEAN

John Veeran

Hak cipta terpelihara.

Penafian

Maklumat yang terkandung dalam eBook ini bertujuan untuk berfungsi sebagai koleksi strategi yang komprehensif yang telah dilakukan oleh pengarang eBook ini. Ringkasan, strategi, petua dan helah hanyalah cadangan oleh pengarang, dan membaca eBook ini tidak akan menjamin bahawa keputusan seseorang akan betul-betul mencerminkan hasil pengarang. Pengarang eBook telah melakukan segala usaha yang munasabah untuk memberikan maklumat terkini dan tepat untuk pembaca eBook. Pengarang dan rakan-rakannya tidak akan bertanggungjawab atas sebarang kesilapan atau peninggalan yang tidak disengajakan yang mungkin ditemui. Bahan dalam eBook mungkin termasuk maklumat oleh pihak ketiga. Bahan pihak ketiga terdiri daripada pendapat yang dinyatakan oleh pemiliknya. Oleh itu, pengarang eBook tidak memikul tanggungjawab atau liabiliti untuk sebarang bahan atau pendapat pihak ketiga. Sama ada disebabkan kemajuan internet, atau perubahan yang tidak dijangka dalam dasar syarikat dan garis panduan penyerahan editorial, apa yang dinyatakan sebagai fakta pada masa penulisan ini mungkin menjadi lapuk atau tidak boleh digunakan kemudian.

EBook adalah hak cipta © 2023 dengan semua hak terpelihara. Adalah menyalahi undang-undang untuk mengedar semula, menyalin atau mencipta karya terbitan daripada eBook ini secara keseluruhan atau sebahagian. Tiada bahagian dalam laporan ini boleh diterbitkan semula atau dihantar semula dalam mana-mana diterbitkan semula atau dihantar semula dalam apa jua bentuk sekalipun tanpa kebenaran bertulis dan ditandatangani daripada pengarang.

ISI KANDUNGAN

ISI KANDUNGAN..4

PENGENALAN...8

SELERA MEDITERRANEAN..10

    1. Goreng udang rangup...11
    2. Tomato yang disumbat...14
    3. Goreng ikan kod garam dengan Aioli.......................17
    4. Kroket udang..21
    5. Cubi kentang berempah...24
    6. Sudang galah gambas..27
    7. Vinaigrette kerang..30
    8. Lada sumbat nasi...33
    9. Cumi dengan minyak rosemary dan cili....................36
    10. Salad Tortellini...39
    11. Salad Pasta Caprese..42
    12. Balsamic Bruschetta..44
    13. Bola Piza..47
    14. Gigitan Kerang dan Prosciutto................................50
    15. Terung dengan madu...53
    16. Sosej dimasak dalam cider......................................56
    17. Pastri ayam Itali menggigit.....................................58
    18. Kebab daging lembu Sepanyol................................60
    19. Campuran popcorn Itali yang rangup......................63
    20. bola Arancini...66
    21. Manchego Dengan Simpanan Oren........................71
    22. Nachos Itali..75
    23. Ayam Pintxo..79
    24. Pembungkus Daging Itali.......................................82

25. Itali Pepperoni Roll-up...85

KURSUS UTAMA MEDITERRANEAN...........................88

26. Nasi Sepanyol Itali...89
27. Paella Twist Itali...93
28. Salad kentang Sepanyol.......................................97
29. Carbonara Sepanyol..100
30. Bebola daging dalam sos tomato........................103
31. Sup Kacang Putih..106
32. Chowder Ikan...109
33. Pasta dan Fagioli...112
34. Bebola daging dan Sup Tortellini........................115
35. Ayam Marsala...118
36. Ayam Cheddar Bawang Putih..............................121
37. Ayam Fettuccini Alfredo.....................................124
38. Ziti dengan Sosej...127
39. Sosej dan Lada..130
40. Lasagna saus...133
41. Makan Malam Makanan Laut Diavolo..................137
42. Linguine dan Udang Scampi................................140
43. Udang dengan Sos Krim Pesto.............................143
44. Sup Ikan dan Chorizo..146
45. Ratatouille Sepanyol...149
46. Rebus kacang dan Chorizo..................................152
47. Gazpacho..155
48. Sotong dan Nasi..159
49. Rebus arnab dalam tomato.................................162
50. Udang dengan Adas..165

PENJERAHAN MEDITERRANEAN............................168

51. Coklat Panna Cotta...169
52. Cheesy Galette dengan Salami............................172
53. Tiramisu..175
54. Ricotta Pie berkrim...178

55. Kuki Anisette...180
56. Panna Cotta..183
57. Karamel Flan...186
58. Krim Catalan..189
59. Krim Sepanyol oren-lemon.........................192
60. tembikai mabuk...195
61. Sorbet badam..198
62. Torte epal Sepanyol....................................201
63. C kastard aramel...205
64. kek keju Sepanyol.......................................208
65. Kastard goreng Sepanyol..........................211
66. Pai articok Itali..215
67. pic panggang Itali.......................................218
68. Kek prune-plum Itali yang pedas..............221
69. S gula-gula kacang panish........................225
70. Puding H oney ed.......................................227
71. Torte bawang Sepanyol.............................230
72. Soufflé kuali Sepanyol...............................233
73. Madu Beku Semifreddo.............................235
74. Zabaglione..239
75. Affogato..242

MINUMAN MEDITERRANEAN..................................244

76. Rum dan Halia..245
77. Soda krim Itali...247
78. Sangria Sepanyol.......................................249
79. Tinto de verano...252
80. Sangria Wain Putih.....................................254
81. Horchata...257
82. Licor 43 Cuba Percuma.............................260
83. Buah Agua Fresca......................................262
84. Caipirinha..264
85. Carajillo...266

86. Liqueur Lemon..268
87. Sgroppino..271
88. Aperol Spritz...273
89. Blackberry Italian Soda...................................275
90. Kopi Itali Granita...277
91. Lemonade Basil Itali.......................................279
92. Gingermore..282
93. Hugo..284
94. Frappé buah segar Sepanyol.........................287
95. S coklat panas ala panish..............................289
96. Chinotto hijau...291
97. R ose S pritz..293
98. Ho ney bee cortado.......................................295
99. Pahit jeruk...297
100. Pisco Sour..300

KESIMPULAN..302

PENGENALAN

Selamat datang ke "A Mediterranean Culinary Journey." Wilayah Mediterranean, dengan landskap yang menakjubkan dan budaya yang pelbagai, telah lama diraikan kerana masakannya yang meriah yang mencerminkan intipati kehidupan itu sendiri. Buku masakan ini adalah jemputan untuk menyelami rasa, warna dan cerita yang telah membentuk permaidani kulinari rantau abadi ini.

Dari pantai Greece ke bukit-bukit Itali, dari pasar Maghribi ke ladang anggur Sepanyol, setiap sudut Mediterranean menawarkan pengalaman masakan yang unik dan mempesonakan. Dalam halaman ini, anda akan menemui koleksi resipi yang disusun dengan teliti yang memberi penghormatan kepada kelimpahan bahan-bahan segar, herba aromatik dan rempah ratus di rantau ini. Sama ada anda mencipta semula hidangan keluarga tradisional atau memulakan pengembaraan kulinari baharu, resipi ini menawan hati dan jiwa masakan Mediterranean.

Bersedia untuk diilhamkan oleh kesederhanaan dan keanggunan yang mentakrifkan masakan

Mediterranean. Perjalanan kita bersama-sama akan merangkumi gabungan makanan laut, minyak zaitun wangi, sayur-sayuran yang dicium matahari, dan melodi tawa yang menggembirakan di sekeliling meja. Semasa anda mendalami resipi, anda bukan sahaja akan menguasai teknik tetapi juga memupuk penghargaan untuk kegembiraan berkumpul, berkongsi dan menikmati keseronokan hidup.

SELERA MEDITERRANEAN

1. Goreng udang rangup

Hidangan 6

bahan-bahan :

- ½ paun udang kecil, dikupas
- 1½ cawan kacang ayam atau tepung biasa
- 1 sudu besar pasli daun rata segar yang dicincang
- 3 daun bawang, bahagian putih dan sedikit bahagian atas hijau lembut, dicincang halus
- paprika/pimenton manis
- garam
- Minyak zaitun untuk menggoreng

Arah :

a) Masak udang dalam periuk dengan air yang cukup untuk menutupinya dan biarkan mendidih dengan api yang tinggi.

b) Dalam mangkuk atau pemproses makanan, satukan tepung, pasli, daun bawang, dan pimentón untuk menghasilkan adunan. Masukkan air masak yang telah disejukkan dan secubit garam.

c) Kisar atau proses sehingga anda mempunyai tekstur yang sedikit lebih tebal daripada adunan pancake. Sejukkan selama 1 jam selepas ditutup.

d) Keluarkan udang dari peti ais dan kisar halus. Kisar kopi hendaklah sebesar kepingan.

e) Keluarkan adunan dari peti ais dan masukkan udang.

f) Dalam kuali tumis yang berat, tuangkan minyak zaitun ke kedalaman kira-kira 1 inci dan panaskan dengan api yang tinggi sehingga hampir berasap.

g) Untuk setiap penggoreng, tuangkan 1 sudu besar adunan ke dalam minyak dan ratakan adunan dengan bahagian belakang sudu menjadi bulatan berdiameter 3 1/2 inci.

h) Goreng selama kira-kira 1 minit pada setiap sisi, berputar sekali, atau sehingga goreng keemasan dan garing.

i) Keluarkan goreng menggunakan sudu berlubang dan letakkan di atas pinggan kalis ketuhar.

j) Hidangkan segera.

2. Tomato yang disumbat

bahan-bahan :

- 8 tomato kecil, atau 3 tomato besar
- 4 biji telur rebus, disejukkan dan dikupas
- 6 sudu besar Aioli atau mayonis
- Garam dan lada
- 1 sudu besar pasli, dicincang
- 1 sudu besar serbuk roti putih, jika menggunakan tomato besar

Arah :

a) Celupkan tomato ke dalam besen berisi air ais atau sangat sejuk selepas mengulitinya dalam periuk air mendidih selama 10 saat.

b) Potong bahagian atas tomato. Menggunakan satu sudu teh atau pisau kecil yang tajam, kikis biji dan bahagian dalam.

c) Tumbuk telur dengan Aioli (atau mayonis, jika menggunakan), garam, lada sulah dan pasli dalam mangkuk adunan.

d) Isi tomato dengan inti, tekan dengan kuat. Gantikan penutup pada sudut yang cerah pada tomato kecil.

e) Isi tomato ke bahagian atas, tekan dengan kuat sehingga ia rata. Sejukkan selama 1 jam sebelum dihiris menjadi cincin menggunakan pisau ukiran yang tajam.

f) Hiaskan dengan pasli .

3. Goreng ikan kod garam dengan Aioli

Hidangan 6

bahan-bahan :

- 1 lb ikan kod garam , direndam
- 3 1/2 oz serbuk roti putih kering
- 1/4 lb kentang tepung
- Minyak zaitun, untuk menggoreng cetek
- 1/4 cawan susu
- Baji lemon dan daun salad, untuk dihidangkan
- 6 biji bawang besar dihiris halus
- Aioli

Arah :

a) Dalam kuali dengan air mendidih masin ringan, masak kentang, tidak dikupas, selama kira-kira 20 minit, atau sehingga empuk. longkang.

b) Kupas kentang sebaik sahaja ia cukup sejuk untuk dikendalikan, kemudian tumbuk dengan garpu atau penumbuk kentang.

c) Dalam periuk, satukan susu, separuh daripada daun bawang, dan biarkan mendidih. Masukkan ikan kod yang telah direndam dan rebus selama 10-15 minit, atau sehingga ia mudah mengelupas. Keluarkan ikan kod dari kuali dan serpikan ke dalam mangkuk dengan garpu, buang tulang dan kulitnya.

d) Masukkan 4 sudu besar kentang tumbuk bersama ikan kod dan satukan dengan senduk kayu.

e) Kerjakan dalam minyak zaitun, kemudian masukkan baki kentang tumbuk secara beransur-ansur. Satukan baki daun bawang dan pasli dalam mangkuk adunan.

f) Secukup rasa, perasakan dengan jus lemon dan lada sulah.

g) Dalam mangkuk yang berasingan, pukul sebiji telur sehingga sebati, kemudian sejukkan sehingga pepejal.

h) Canai adunan ikan yang telah sejuk tadi menjadi 12-18 bebola, kemudian ratakan perlahan-lahan menjadi kek bulat kecil.

i) Setiap satu hendaklah ditaburkan terlebih dahulu, kemudian dicelupkan ke dalam baki telur yang telah dipukul dan diakhiri dengan serbuk roti kering.

j) Sejukkan sehingga sedia untuk digoreng.

k) Dalam kuali besar dan berat, panaskan kira-kira 3/4 inci minyak. Masak goreng selama kira-kira 4 minit dengan api sederhana tinggi.

l) Balikkan dan masak selama 4 minit lagi, atau sehingga garing dan keemasan di bahagian lain.

m) Toskan pada tuala kertas sebelum dihidangkan dengan Aioli, hirisan lemon dan daun salad.

4. Kroket udang

Membuat kira-kira 36 unit

bahan-bahan :

- 3 1/2 oz mentega
- 4 oz tepung biasa
- 1 1/4 pain susu sejuk
- Garam dan lada
- 14 oz udang masak kupas, potong dadu
- 2 sudu kecil tomato puree
- 5 atau 6 sudu besar serbuk roti halus
- 2 biji telur besar, dipukul
- Minyak zaitun untuk menggoreng

Arah :

a) Dalam periuk sederhana, cairkan mentega dan tambah tepung, kacau sentiasa.

b) Perlahan-lahan tuangkan susu sejuk, kacau sentiasa, sehingga anda mendapat sos yang pekat dan licin.

c) Masukkan udang, perasakan dengan garam dan lada sulah, kemudian masukkan pes tomato. Masak selama 7 hingga 8 minit lagi.

d) Ambil sedikit sudu **bahan** dan canai menjadi kroket silinder 1 1/2 - 2 inci.

e) Canai kroket dalam serbuk roti, kemudian dalam telur yang telah dipukul, dan terakhir dalam serbuk roti.

f) Dalam kuali yang besar dan berdasar berat, panaskan minyak untuk menggoreng sehingga mencapai suhu 350°F atau kiub roti bertukar menjadi perang keemasan dalam 20-30 saat.

g) Goreng selama kira-kira 5 minit dalam kelompok tidak lebih daripada 3 atau 4 sehingga perang keemasan.

h) Menggunakan sudu berlubang, keluarkan ayam, toskan di atas kertas dapur, dan hidangkan segera.

5. Cubi kentang berempah

Hidangan: 4

bahan-bahan :

- 3 sudu besar minyak zaitun
- 4 Kentang Russet, dikupas, dan katil kiub
- 2 sudu besar bawang besar kisar
- 2 ulas bawang putih, dikisar
- Garam dan lada hitam yang baru dikisar
- 1 1/2 sudu besar paprika Sepanyol
- 1/4 sudu teh Sos Tabasco
- 1/4 sudu teh thyme yang dikisar
- 1/2 cawan Sos tomato
- 1/2 cawan mayonis
- Pasli cincang, untuk hiasan
- 1 cawan minyak zaitun, untuk menggoreng

Arah :

Sos brava:

a) Panaskan 3 sudu besar minyak zaitun dalam periuk dengan api sederhana.

Tumis bawang besar dan bawang putih hingga bawang layu.

b) Keluarkan kuali dari api dan pukul dalam paprika, sos Tabasco, dan thyme.

c) Dalam mangkuk adunan, satukan sos tomato dan mayonis.

d) Secukup rasa, perasakan dengan garam dan lada sulah. Keluarkan daripada persamaan.

Kentang:

e) Perasakan kentang dengan sedikit garam dan lada hitam.

f) Goreng kentang dalam 1 cawan (8 fl. oz.) minyak zaitun dalam kuali besar sehingga perang keemasan dan masak, tos sekali-sekala.

g) Toskan kentang di atas tuala kertas, rasakannya, dan perasakan dengan garam tambahan jika perlu.

h) Untuk memastikan kentang segar, gabungkan dengan sos sebelum dihidangkan.

i) Hidangkan hangat, dihiasi dengan pasli cincang.

6. S udang galah gambas

Hidangan 6

bahan-bahan :

- 1/2 cawan minyak zaitun
- Jus 1 lemon
- 2 sudu teh garam laut
- 24 ekor udang sederhana besar , dalam kulit dengan kepala utuh

Arah :

a) Dalam mangkuk adunan, satukan minyak zaitun, jus lemon, dan garam dan pukul sehingga sebati. Untuk menyalut udang dengan ringan, celupkannya ke dalam adunan selama beberapa saat.

b) Dalam kuali kering, panaskan minyak dengan api yang tinggi. Bekerja secara berkelompok, masukkan udang dalam satu lapisan tanpa menyesakkan kuali apabila ia sangat panas. 1 minit membakar

c) Kecilkan api kepada sederhana dan masak selama satu minit tambahan. Besarkan api dan goreng udang selama 2 minit lagi, atau sehingga kekuningan.

d) Pastikan udang hangat dalam ketuhar yang rendah di atas pinggan kalis ketuhar.

e) Masak udang yang tinggal dengan cara yang sama.

7. Vinaigrette kerang

Hidangan: Membuat 30 tapas

bahan-bahan :

- 2 1/2 dozen kupang, digosok dan janggut dibuang Daun salad yang dicincang
- 2 Sudu besar bawang hijau kisar
- 2 Sudu besar lada hijau kisar
- 2 Sudu besar lada merah kisar
- 1 Sudu besar pasli cincang
- 4 Sudu besar minyak zaitun
- 2 sudu besar cuka atau jus lemon
- Sedikit sos lada merah
- Garam secukup rasa

Arah :

a) Kukus kerang terbuka.

b) Letakkannya dalam periuk besar air. Tutup dan masak dengan api besar, kacau kuali sekali-sekala, sehingga cangkerang terbuka. Keluarkan kerang dari api dan buang yang tidak terbuka.

c) Kerang juga boleh dipanaskan dalam ketuhar gelombang mikro untuk membukanya. Ketuhar gelombang mikro selama satu minit pada kuasa maksimum dalam mangkuk selamat gelombang mikro, bertutup sebahagiannya.

d) Ketuhar gelombang mikro selama satu minit lagi selepas dikacau. Keluarkan mana-mana kerang yang telah dibuka dan masak selama satu minit lagi dalam ketuhar gelombang mikro. Keluarkan yang terbuka sekali lagi.

e) Keluarkan dan buang cengkerang kosong apabila ia cukup sejuk untuk dikendalikan.

f) Di atas dulang hidangan, letakkan kupang di atas katil daun salad yang dicincang sejurus sebelum dihidangkan.

g) Satukan bawang, lada hijau dan merah, pasli, minyak, dan cuka dalam hidangan campuran.

h) Garam dan sos lada merah secukup rasa. Isi cangkerang kerang separuh dengan adunan.

8. Lada sumbat nasi

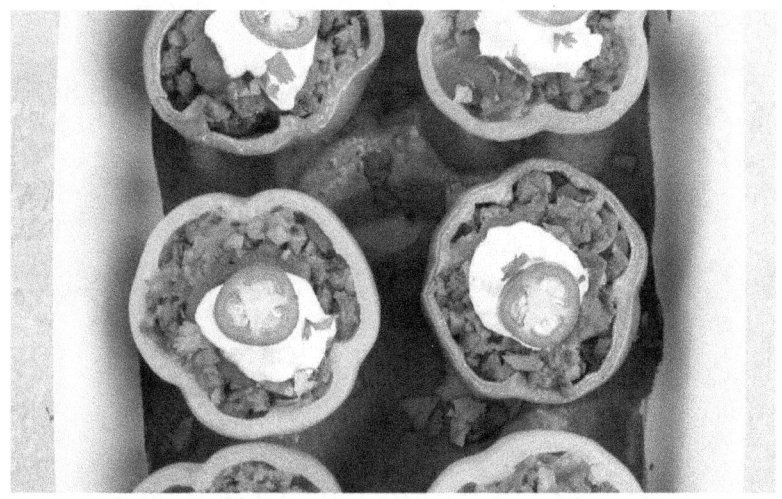

Hidangan: 4

bahan-bahan :

- 1 lb 2 oz Nasi Sepanyol berbutir pendek, seperti Bomba atau Calasparra
- 2-3 sudu besar minyak zaitun
- 4 lada merah besar
- 1 lada merah kecil, dicincang
- 1/2 bawang, dicincang
- 1/2 biji tomato, dibuang kulit dan dicincang
- 5 oz daging babi cincang / cincang atau 3 oz ikan kod garam
- Safron
- Pasli segar yang dicincang
- garam

Arah :

a) Kikis membran dalam dengan satu sudu teh selepas memotong hujung batang lada dan simpan sebagai penutup untuk dimasukkan semula kemudian.

b) Panaskan minyak dan tumis lada merah hingga lembut.

c) Goreng bawang sehingga empuk, kemudian masukkan daging dan perang sedikit, masukkan tomato selepas beberapa minit, kemudian masukkan lada masak, beras mentah, kunyit, dan pasli. Perasakan dengan garam secukup rasa.

d) Isi lada dengan berhati-hati dan letakkan di sisinya di atas pinggan kalis ketuhar, berhati-hati agar tidak menumpahkan isinya.

e) Masak hidangan dalam ketuhar panas selama kira-kira 1 1/2 jam, bertutup.

f) Nasi dimasak dalam cecair tomato dan lada.

9. Cumi dengan minyak rosemary dan cili

Hidangan: 4

bahan-bahan :

- Minyak zaitun extra virgin
- 1 tandan rosemary segar
- 2 biji cili merah, buang biji dan cincang halus krim tunggal 150ml
- 3 biji kuning telur
- 2 Sudu besar keju Parmesan parut
- 2 Sudu besar tepung biasa
- Garam dan lada hitam tanah segar
- 1 ulas bawang putih, kupas dan hancurkan
- 1 sudu teh oregano kering
- Minyak sayuran untuk menggoreng
- 6 Sotong, bersihkan dan potong cincin
- garam

Arah :

a) Untuk membuat sos, panaskan minyak zaitun dalam periuk kecil dan kacau dalam rosemary dan cili. Keluarkan daripada persamaan.

b) Dalam mangkuk adunan yang besar, pukul bersama krim, kuning telur, keju parmesan, tepung, bawang putih dan oregano. Kisar sehingga adunan sebati. Perasakan dengan lada hitam, baru dikisar.

c) Panaskan minyak hingga 200°C untuk menggoreng, atau sehingga kiub roti menjadi perang dalam 30 saat.

d) Celupkan cincin sotong, satu persatu, ke dalam adunan dan masukkan dengan teliti ke dalam minyak. Masak sehingga perang keemasan, kira-kira 2-3 minit.

e) Toskan di atas kertas dapur dan hidangkan segera dengan dressing dituangkan di atasnya. Jika perlu, perasakan dengan garam.

10. Salad Tortellini

Hidangan: 8

bahan-bahan :

- 1 paket tortellini keju tiga warna
- ½ cawan pepperoni potong dadu
- ¼ cawan daun bawang yang dihiris
- 1 lada benggala hijau dipotong dadu
- 1 cawan tomato ceri separuh
- 1¼ cawan buah zaitun kalamata yang dihiris
- ¾ cawan hati articok perap cincang 6 oz. keju mozzarella potong dadu 1/3 cawan sos Itali

Arah :

a) Masak tortellini mengikut **Arahan pakej** , kemudian toskan.

b) Tolak tortellini dengan baki **Bahan** , tidak termasuk sos, dalam mangkuk adunan yang besar.

c) Siramkan dressing di atas.

d) Ketepikan selama 2 jam untuk menyejukkan.

11. Salad Pasta Caprese

Hidangan: 8

bahan-bahan :

- 2 cawan pasta penne yang dimasak
- 1 cawan pesto
- 2 biji tomato cincang
- 1 cawan keju mozzarella potong dadu
- Garam dan lada sulah secukup rasa
- 1/8 sudu teh oregano
- 2 sudu teh cuka wain merah

Arah :

a) Masak pasta mengikut **Arahan pakej**, yang sepatutnya mengambil masa kira-kira 12 minit. longkang.

b) Dalam mangkuk adunan yang besar, satukan pasta, pesto, tomato dan keju; perasakan dengan garam, lada sulah dan oregano.

c) Tuangkan cuka wain merah di atas.

d) Ketepikan selama 1 jam di dalam peti ais.

12. Balsamic Bruschetta

Hidangan: 8

bahan-bahan :

- 1 cawan tomato Roma yang dibuang biji dan dipotong dadu
- ¼ cawan basil cincang
- ½ cawan keju pecorino yang dicincang
- 1 ulas bawang putih kisar
- 1 sudu besar cuka balsamic
- 1 sudu teh minyak zaitun
- Garam dan lada secukup rasa - berhati-hati, kerana keju agak masin dengan sendirinya.
- 1 keping roti Perancis yang dihiris
- 3 Sudu besar minyak zaitun
- ¼ sudu teh serbuk bawang putih
- ¼ sudu teh selasih

Arah :

a) Dalam hidangan campuran, satukan tomato, basil, keju pecorino, dan bawang putih.

b) Dalam mangkuk adunan kecil, pukul bersama cuka dan 1 sudu besar minyak zaitun; ketepikan. c) Lumurkan hirisan roti dengan minyak zaitun, serbuk bawang putih, dan selasih.

c) Letakkan di atas loyang dan bakar selama 5 minit pada suhu 350 darjah.

d) Keluarkan dari ketuhar. Kemudian masukkan campuran tomato dan keju di atas.

e) Jika perlu, perasakan dengan garam dan lada sulah.

f) Hidangkan segera.

13. Bola Piza

Hidangan: 10

bahan-bahan :

- 1 paun sosej yang dikisar
- 2 cawan campuran Bisquick
- 1 biji bawang besar dicincang
- 3 ulas bawang putih kisar
- $\frac{3}{4}$ sudu teh perasa Itali
- 2 cawan keju mozzarella yang dicincang
- 1 $\frac{1}{2}$ cawan sos pizza - dibahagikan
- $\frac{1}{4}$ cawan keju parmesan

Arah :

a) Panaskan ketuhar hingga 400 darjah Fahrenheit.

b) Sediakan loyang dengan menyemburkannya dengan semburan masak tidak melekat.

c) Campurkan sosej, campuran Bisquick, bawang besar, bawang putih, perasa Itali, keju mozzarella dan 12 cawan sos pizza bersama-sama dalam mangkuk adunan.

d) Selepas itu, tambahkan air secukupnya supaya ia boleh digunakan.

e) Canai doh menjadi bebola 1 inci.

f) Taburkan keju parmesan ke atas bebola pizza.

g) Selepas itu, letakkan bebola di atas loyang yang telah anda sediakan.

h) Panaskan ketuhar hingga 350°F dan bakar selama 20 minit.

i) Hidangkan dengan baki sos pizza di tepi untuk dicelup.

14. Gigitan Kerang dan Prosciutto

Hidangan: 8

bahan-bahan :

- ½ cawan prosciutto yang dihiris nipis
- 3 Sudu besar keju krim
- 1 lb kerang
- 3 Sudu besar minyak zaitun
- 3 ulas bawang putih kisar
- 3 Sudu Besar keju Parmesan
- Garam dan lada secukup rasa - berhati-hati, kerana prosciutto akan menjadi masin

Arah :

a) Sapukan salutan kecil keju krim pada setiap kepingan prosciutto.

b) Seterusnya, bungkus sekeping prosciutto di sekeliling setiap kerang dan selamatkan dengan pencungkil gigi.

c) Dalam kuali, panaskan minyak zaitun.

d) Masak bawang putih selama 2 minit dalam kuali.

e) Masukkan kerang yang dibalut dengan kerajang dan masak selama 2 minit pada setiap sisi.

f) Sapukan keju Parmesan di atasnya.

g) Masukkan garam dan lada sulah secukup rasa jika suka.

h) Perah lebihan cecair dengan tuala kertas.

15. Terung dengan madu

Hidangan : 2

bahan-bahan :

- 3 Sudu Besar Madu
- 3 biji terung
- 2 cawan Susu
- 1 sudu besar garam
- 1 Sudu besar lada
- 100g Tepung
- 4 Sudu Besar Minyak Zaitun

Arah :

a) Hiris nipis terung.

b) Dalam hidangan adunan, satukan terung. Tuangkan susu secukupnya ke dalam besen untuk menutupi terung sepenuhnya. Perasakan dengan secubit garam.

c) Biarkan selama sekurang-kurangnya satu jam untuk berendam.

d) Keluarkan terung daripada susu dan ketepikan. Menggunakan tepung, salutkan setiap kepingan. Sapukan dalam campuran garam dan lada.

e) Dalam kuali, panaskan minyak zaitun. Goreng hirisan terung pada suhu 180 darjah C.

f) Letakkan terung goreng di atas tuala kertas untuk menyerap lebihan minyak.

g) Siramkan terung dengan madu.

h) Hidang.

16. Sosej dimasak dalam cider

Hidangan : 3

bahan-bahan :

- 2 cawan cider epal
- 8 sosej chorizo
- 1 Sudu besar minyak zaitun

Arah :

a) Potong chorizo ke dalam kepingan nipis.

b) Dalam kuali, panaskan minyak. Panaskan ketuhar hingga sederhana.

c) Masukkan chorizo. Goreng sehingga warna makanan berubah.

d) Tuangkan cider. Masak selama 10 minit, atau sehingga sos agak pekat.

e) Roti perlu dihidangkan dengan hidangan ini.

f) Nikmati!!!

17. Pastri ayam Itali menggigit

Hidangan : 8 bundle

Bahan

- 1 tin Gulung Bulan Sabit (8 gulung)
- 1 cawan Ayam cincang, masak
- 1 sudu besar sos spageti
- ½ sudu teh Bawang putih cincang
- 1 sudu besar Keju mozzarella

Arah :

a) Panaskan ketuhar hingga 350 darjah Fahrenheit. Satukan ayam, sos, dan bawang putih dalam kuali dan masak sehingga panas.

b) Segi tiga diperbuat daripada gulungan bulan sabit yang berasingan. Edarkan adunan ayam di tengah setiap segi tiga.

c) Jika dikehendaki, edarkan keju dengan cara yang sama.

d) Cubit bahagian tepi gulungan bersama-sama dan bungkus ayam.

e) Di atas batu pembakar, bakar selama 15 minit, atau sehingga kekuningan.

18. Kebab daging lembu Sepanyol

Hidangan : 4 hidangan

Bahan

- ½ cawan jus oren
- ¼ cawan Jus tomato
- 2 sudu teh Minyak zaitun
- 1½ sudu teh Jus lemon
- 1 sudu kecil Atau e gano, kering
- ½ sudu teh Paprika
- ½ sudu teh Jintan, tanah
- ¼ sudu teh garam
- ¼ sudu teh Lada, hitam
- 10 auns daging lembu tanpa tulang; potong 2" kiub
- 1 sederhana Bawang Merah; potong 8 bahagian
- 8 setiap satu tomato ceri

Arah :

a) Untuk membuat perapan, gabungkan jus oren dan tomato, minyak, jus lemon, oregano, paprika, jintan manis, garam dan lada sulah dalam beg plastik bersaiz gelen yang boleh ditutup.

b) Masukkan kiub daging; mengelak beg itu, menekan udara; putar untuk melapisi daging lembu.

c) Sejukkan selama sekurang-kurangnya 2 jam atau semalaman, baling beg itu sekali-sekala. Menggunakan semburan masak nonstick, salutkan rak gril.

d) Letakkan rak gril 5 inci dari arang. Ikut arahan pengilang untuk memanggang.

e) Toskan stik dan ketepikan bahan perapan.

f) Menggunakan 4 lidi logam atau buluh yang direndam, masukkan jumlah daging lembu, bawang dan tomato yang sama banyak.

g) Bakar kebab selama 15-20 minit, atau sehingga masak mengikut kesukaan anda, putar dan gosok dengan perapan khas dengan kerap.

19. Campuran popcorn Itali yang rangup

Hidangan : 10 Hidangan

Bahan

- 10 cawan Popcorn pop; 3.5 oz, beg gelombang mikro ialah am oun t ini
- 3 cawan Makanan ringan jagung berbentuk bugle
- ¼ cawan Marjerin atau mentega
- 1 sudu kecil perasa Itali
- ½ sudu teh Serbuk Bawang putih
- ⅓ cawan keju parmesan

Arah :

a) Dalam mangkuk besar boleh microwave, gabungkan popcorn dan snek jagung. Dalam sukatan selamat mikro 1 cawan, gabungkan **Bahan yang tinggal** , kecuali keju.

b) Ketuhar gelombang mikro selama 1 minit pada HIGH, atau sehingga marjerin cair; kacau. Tuang adunan popcorn di atas.

c) Gaul sehingga semuanya sama rata. Ketuhar gelombang mikro, tidak bertutup, selama 2-4 minit, sehingga dibakar, kacau setiap minit. Keju parmesan hendaklah ditaburkan di atasnya.

d) Hidangkan panas.

20. bola Arancini

Menjadikan 18

bahan-bahan

- 2 sudu besar minyak zaitun
- 15g mentega tanpa garam
- 1 biji bawang, dicincang halus
- 1 ulas bawang putih besar, ditumbuk
- 350g beras risotto
- 150ml wain putih kering
- 1.2l stok ayam atau sayuran panas
- 150g parmesan, parut halus
- 1 biji lemon, diperah halus
- 150g bola mozzarella, dicincang kepada 18 kepingan kecil
- minyak sayuran, untuk menggoreng

Untuk salutan

- 150g tepung biasa
- 3 biji telur besar, dipukul sedikit
- 150g serbuk roti kering halus

Arah :

a) Dalam periuk, panaskan minyak dan mentega hingga berbuih. Masukkan bawang dan secubit garam dan masak selama 15 minit, atau sehingga lembut dan lut sinar, dengan api yang perlahan.

b) Masak selama satu minit lagi selepas menambah bawang putih.

c) Masukkan beras dan reneh selama satu minit lagi sebelum menambah wain. Didihkan cecair dan masak sehingga ia berkurangan separuh.

d) Tuangkan separuh daripada stok dan teruskan gaul sehingga sebahagian besar cecair telah diserap.

e) Semasa beras menyerap cecair, masukkan baki stok satu sudu pada satu masa, kacau sentiasa, sehingga nasi masak.

f) Masukkan parmesan dan kulit limau dan perasakan dengan garam dan lada sulah secukup rasa. Letakkan risotto dalam dulang berbibir dan ketepikan untuk menyejukkan ke suhu bilik.

g) Bahagikan risotto yang telah disejukkan kepada 18 bahagian yang sama, setiap satu kira-kira saiz bola golf.

h) Di tapak tangan anda, ratakan bola risotto dan letakkan sekeping mozzarella di tengah, kemudian bungkus keju dalam nasi dan bentukkannya menjadi bola.

i) Teruskan dengan baki bola risotto dengan cara yang sama.

j) Dalam tiga hidangan cetek, satukan tepung, telur dan serbuk roti. Setiap bebola risotto hendaklah ditaburkan terlebih dahulu, kemudian dicelupkan ke dalam telur, dan akhirnya serbuk roti. Letakkan di atas pinggan dan simpan.

k) Isi periuk besar dan bahagian bawah berat separuh dengan minyak sayuran dan panaskan dengan api sederhana-perlahan sehingga termometer memasak berbunyi 170°C atau sekeping roti bertukar menjadi perang keemasan dalam 45 saat.

l) Dalam kelompok, turunkan bebola risotto ke dalam minyak dan goreng selama 8-10 minit, atau sehingga perang keemasan dan cair di tengah.

m) Letakkan di atas dulang yang dialas dengan tuala dapur bersih dan ketepikan.

n) Hidangkan arancini hangat atau dengan sos tomato ringkas untuk mencelupkannya.

21. Manchego Dengan Simpanan Oren

bahan-bahan

Membuat kira-kira 4 cawan

- 1 kepala bawang putih
- 1 1/2 cawan minyak zaitun, ditambah lagi untuk meresap
- Garam kosher
- 1 Seville atau oren pusat
- 1/4 cawan gula
- 1 paun keju Manchego muda, potong 3/4 inci
- 1 sudu besar rosemary dicincang halus
- 1 sudu besar thyme dicincang halus
- Baguette panggang

Arah :

a) Panaskan ketuhar hingga 350 darjah Fahrenheit. suku inci "Keluarkan bahagian atas mentol bawang putih dan letakkan di atas kepingan foil. Perasakan dengan garam dan renjiskan dengan minyak.

b) Balut dengan selamat dalam foil dan bakar selama 35-40 minit, atau sehingga kulit berwarna perang keemasan dan bunga cengkih lembut. Biarkan sejuk. Perah bunga cengkih ke dalam besen adunan besar.

c) Pada masa yang sama, potong 1/4 "Keluarkan bahagian atas dan bawah oren dan empat bahagian memanjang. Keluarkan daging dari setiap perempat kulit dalam satu bahagian, tidak termasuk empulur putih (simpan kulit).

d) Ketepikan jus yang diperah daripada daging dalam besen kecil.

e) Potong kulit menjadi kepingan suku inci dan letakkan dalam periuk kecil dengan air sejuk yang cukup untuk menutupi satu inci. Didihkan, kemudian toskan; lakukan ini dua kali lagi untuk menghilangkan kepahitan.

f) Dalam periuk, satukan kulit oren, gula, jus oren yang dikhaskan, dan 1/2 cawan air.

g) Didihkan; kecilkan api kepada perlahan dan renehkan, kacau selalu, selama 20-30 minit, atau sehingga kulit lembut dan cecair menjadi sirap. Biarkan pengawet oren sejuk.

h) Gaulkan bersama pengawet oren, Manchego, rosemary, thyme, dan baki 1 1/2 cawan minyak dalam mangkuk dengan bawang putih. Sejukkan sekurang-kurangnya 12 jam selepas ditutup.

i) Sebelum dihidangkan bersama roti bakar, bawa Manchego yang telah diperap ke suhu bilik.

22. Nachos Itali

Hidangan: 1

bahan-bahan

Sos Alfredo

- 1 Cawan Separuh dan Separuh
- 1 Cawan Krim Berat
- 2 sudu besar mentega tanpa garam
- 2 Ulas bawang putih dikisar
- 1/2 Cawan Parmesan
- Garam dan lada
- 2 Sudu besar tepung

Nachos

- Pembalut wonton dipotong segi tiga
- 1 ekor ayam dimasak dan dicincang
- Tumis Lada
- Keju mozzarella
- buah zaitun
- Parsley dicincang
- Keju parmesan

- Minyak untuk menggoreng kacang atau kanola

Arah :

a) Masukkan mentega tanpa garam ke dalam periuk sos dan cairkan dengan api sederhana.

b) Masukkan bawang putih sehingga semua mentega cair.

c) Masukkan tepung dengan cepat dan kacau sentiasa sehingga ia bergumpal dan keemasan.

d) Dalam mangkuk adunan, satukan krim berat dan separuh setengah.

e) Didihkan, kemudian kecilkan api dan masak selama 8-10 minit, atau sehingga pekat.

f) Perasakan dengan garam dan lada sulah.

g) Wonton: Panaskan minyak dalam kuali besar di atas api sederhana tinggi, kira-kira 1/3 daripada bahagian atas.

h) Masukkan wonton satu demi satu dan panaskan sehingga hampir tidak keemasan di bahagian bawah, kemudian balik dan masak bahagian lain.

i) Letakkan tuala kertas di atas longkang.

j) Panaskan ketuhar hingga 350°F dan alaskan loyang dengan kertas parchment, diikuti dengan wonton.

k) Tambah sos Alfredo, ayam, lada, dan keju mozzarella di atas.

l) Letakkan di bawah ayam pedaging di dalam ketuhar anda selama 5-8 minit, atau sehingga keju cair sepenuhnya.

m) Keluarkan dari ketuhar dan tutup dengan zaitun, parmesan dan pasli.

23. Ayam Pintxo

Hidangan 8

bahan-bahan

- 1.8 paun paha ayam tanpa kulit tanpa tulang dipotong menjadi 1" kepingan
- 1 sudu besar paprika salai Sepanyol
- 1 sudu teh oregano kering
- 2 sudu teh jintan kisar
- 3/4 sudu teh garam laut
- 3 ulas bawang putih dikisar
- 3 sudu besar pasli dicincang
- 1/4 cawan minyak zaitun extra virgin
- Sos Chimichurri Merah

Arah :

a) Dalam besen adunan besar, satukan semua Bahan dan toskan hingga sebati hingga menyaluti kepingan ayam. Biarkan perap semalaman di dalam peti sejuk.

b) Rendam lidi buluh selama 30 minit dalam air. Menggunakan lidi, lidi kepingan ayam.

c) Bakar selama 8-10 minit, atau sehingga masak dengan sempurna.

24. Pembungkus Daging Itali

HIDANGAN 4

bahan-bahan

- 1 sudu kecil Minyak Zaitun
- 1/2 cawan lada benggala hijau, potong jalur
- 1/2 cawan bawang besar, potong jalur
- 1/2 pepperoncini, dihiris nipis
- 1/2 sudu teh perasa Itali
- 8 keping daging lembu Itali Deli, tebal 1/8".
- 8 Batang Keju

Arah

a) Dalam kuali sederhana, panaskan minyak dengan api sederhana. Satukan minyak zaitun dan empat Bahan berikut dalam mangkuk adunan. Masak selama 3-4 minit, atau sehingga garing lembut.

b) Letakkan adunan di atas pinggan dan ketepikan selama 15 minit untuk menyejukkan.

c) Cara Menyatukannya: Di atas papan pemotong, letakkan empat keping daging lembu Itali rata. Letakkan 1 batang keju bertali di tengah setiap keping daging, bersilang.

d) Masukkan sebahagian daripada campuran lada dan bawang di atas. Lipat satu bahagian hirisan daging lembu di atas campuran keju dan sayuran, kemudian bungkus, jahitan bahagian bawah.

e) Pasang gulung di atas pinggan hidangan.

25. Itali Pepperoni Roll-up

Hidangan 35

bahan-bahan

- 5 10" tepung tortilla (tomato kering bayam atau tepung putih)
- 16 auns krim keju dilembutkan
- 2 sudu kecil bawang putih dikisar
- 1/2 cawan krim masam
- 1/2 cawan keju Parmesan
- 1/2 cawan keju parut Itali atau keju mozzarella
- 2 sudu teh perasa Itali
- 16 auns hirisan pepperoni
- 3/4 cawan lada kuning dan oren dicincang halus
- 1/2 cawan cendawan segar yang dicincang halus

Arah :

a) Dalam besen adunan, pukul keju krim sehingga rata. Satukan bawang putih, krim masam, keju dan perasa Itali dalam mangkuk adunan. Gaul sehingga semuanya sebati.

b) Ratakan adunan di antara 5 tortilla tepung. Tutup keseluruhan tortilla dengan campuran keju.

c) Letakkan lapisan pepperoni di atas campuran keju.

d) Tindih pepperoni dengan lada dan cendawan yang dihiris kasar.

e) Gulungkan setiap tortilla dengan ketat dan bungkusnya dengan bungkus plastik.

f) Ketepikan sekurang-kurangnya 2 jam di dalam peti sejuk.

KURSUS UTAMA MEDITERRANEAN

26. Nasi Sepanyol Itali

Hidangan : 6

bahan-bahan :

- 1- 28 auns Tomato Itali yang dipotong dadu atau dihancurkan
- 3 cawan apa-apa jenis nasi putih bijirin panjang kukus yang dimasak mengikut bungkusan
- 3 sudu besar kanola atau minyak sayuran
- 1 lada benggala dihiris dan dibersihkan
- 2 ulas bawang putih segar dikisar
- 1/2 cawan wain merah atau sayur atau sup
- 2 sudu besar pasli segar yang dicincang
- 1/2 sudu teh oregano kering dan selasih kering
- garam, lada sulah, cayenne secukup rasa
- Hiasan: Parmesan parut dan keju campuran Romano
- Selain itu, anda boleh menambah apa-apa sisa yang dimasak tanpa tulang: stik kiub, daging babi kiub, ayam kiub atau cuba

gunakan bebola daging hancur atau sosej masak Itali yang dihiris.

- Sayuran pilihan: zucchini potong dadu, cendawan yang dihiris, lobak merah yang dicukur, kacang polong atau apa-apa jenis sayuran lain yang anda suka.

Arah :

a) Masukkan minyak zaitun, lada dan bawang putih ke dalam kuali besar dan masak selama 1 minit.

b) Masukkan tomato dadu atau hancur, wain, dan Bahan-bahan yang tinggal ke dalam kuali.

c) Reneh selama 35 minit, atau lebih lama jika anda menambah lebih banyak sayur-sayuran.

d) Jika menggunakan, masukkan sebarang daging yang telah disediakan dan panaskan dalam sos selama kira-kira 5 minit sebelum dilipat ke dalam nasi putih yang telah dimasak.

e) Juga, jika menggunakan, daging sudah masak dan hanya perlu dipanaskan dalam sos.

f) Untuk menghidangkan, sendukkan sos di atas pinggan dengan nasi campur dan di atasnya dengan keju parut dan pasli segar.

27. Paella Twist Itali

Hidangan: 4

bahan-bahan

- 2 kaki ayam, kulit di atas, perang
- 2 paha ayam, kulit di atas, perang
- 3 keping besar pautan sosej Itali, perang kemudian dipotong menjadi kepingan 1 inci
- 1 lada merah dan kuning, dipotong menjadi jalur dan pra-panggang
- 1 tandan brokolini bayi, rebus
- $1\frac{1}{2}$ cawan beras, bijirin pendek seperti carnaroli atau arborio
- 4 cawan air rebusan ayam, dipanaskan
- 1 cawan puri lada merah panggang
- $\frac{1}{4}$ cawan wain putih kering
- 1 biji bawang sederhana, potong dadu besar
- 4 ulas bawang putih besar, dicukur
- parmesan parut atau keju romano
- minyak zaitu

Arah :

a) Mulakan dengan memerang kepingan ayam anda dalam kuali paella, dapatkan kerak yang baik di kedua-dua belah dan hampir masak tetapi tidak cukup, kemudian ketepikan.

b) Lapkan sebarang minyak tambahan dari kuali, kemudian lap sebarang minyak berlebihan dari pautan sosej.

c) Dalam kuali besar, tuangkan minyak zaitun, kemudian masukkan bawang putih dan bawang besar yang telah dicukur, dan tumis sehingga lembut dan keemasan.

d) Masukkan wain dan biarkan mendidih selama satu minit.

e) Satukan semua nasi dengan separuh daripada puri lada merah anda, atau lebih sedikit. Kacau hingga rata, kemudian tekan adunan beras ke dalam bahagian bawah kuali.

f) Masukkan sedikit keju parut, garam dan lada sulah ke dalam nasi.

g) Susun kepingan sosej, bersama kepingan ayam, di sekeliling kuali.

h) Susun baki sayur-sayuran di sekeliling daging dengan cara yang kreatif.

i) Sendukkan kesemua 4 cawan sup suam di atasnya dengan berhati-hati.

j) Dengan menggunakan berus pastri, sapu puri lada merah tambahan di atas ayam untuk rasa yang lebih enak, sapukan sedikit lagi ke sekeliling jika mahu.

k) Masak dengan api yang perlahan, ditutup dengan kerajang, sehingga kelembapan telah menguap.

l) Panaskan ketuhar hingga 375°F dan bakar kuali bertutup selama 15-20 minit untuk memastikan daging masak.

m) Teruskan masak di atas dapur sehingga nasi empuk.

n) Keseluruhan masa hendaklah sekitar 45 minit.

o) Ketepikan selama beberapa minit untuk menyejukkan.

p) Hiaskan dengan basil segar dan pasli, dicincang.

28. Salad kentang Sepanyol

Hidangan: 4

bahan-bahan :

- 3 kentang sederhana (16 oz).
- 1 besar (3 oz) lobak merah, dipotong dadu
- 5 sudu besar kacang hijau dikupas
- 2/3 cawan (4 oz) kacang hijau
- 1/2 bawang sederhana, dicincang
- 1 lada benggala merah kecil, dicincang
- 4 biji koktel gherkin, dihiris
- 2 sudu besar kaper bayi
- 12 biji zaitun isi ikan bilis
- 1telur masak keras, dihiris nipis 2/3 cawan (5 fl. oz) mayonis
- 1 sudu besar jus lemon
- 1sudu kecil mustard Dijon
- Lada hitam yang baru dikisar, secukup rasa Pasli segar yang dicincang, untuk hiasan

Arah :

a) Masak kentang dan lobak merah dalam air masin sedikit dalam periuk. Didihkan, kemudian kecilkan api dan masak sehingga hampir empuk.

b) Masukkan kacang polong dan kacang dan reneh, kacau sekali-sekala, sehingga semua sayur-sayuran lembut. Toskan sayur-sayuran dan letakkan di atas pinggan untuk dihidangkan.

c) Dalam mangkuk adunan yang besar, satukan bawang, lada sulah, ikan kembung, caper bayi, buah zaitun isi ikan bilis dan kepingan telur.

d) Satukan mayonis, jus lemon, dan mustard dalam mangkuk berasingan sepenuhnya. Tuang adunan ini ke atas pinggan hidangan dan kacau rata untuk menyaluti semua **Bahan** . Toskan dengan secubit garam dan lada sulah.

e) Sejukkan selepas dihias dengan pasli cincang.

f) Untuk meningkatkan rasa salad, biarkan ia berada pada suhu bilik selama kira-kira 1 jam sebelum dihidangkan.

29. Carbonara Sepanyol

Hidangan: 2-3

bahan-bahan

- 1 chorizo kecil dipotong dadu
- 1 ulas bawang putih ditumbuk halus
- 1 biji tomato kecil dipotong dadu
- 1 tin garbanzos
- perasa kering: garam, kepingan cili, oregano, biji adas, bunga lawang
- pimenton (paprika) untuk telur
- minyak zaitun extra virgin
- 2 biji telur
- 4-6 oz. pasta
- keju Itali yang berkualiti

Arah :

a) Dalam sedikit minyak zaitun, tumis bawang putih, tomato, dan chorizo selama beberapa minit, kemudian masukkan kacang dan perasa cair dan kering. Didihkan, kemudian kecilkan api ke rendah sehingga cecair berkurangan separuh.

b) Sementara itu, masak air pasta sehingga mendidih dan sediakan telur untuk dimasukkan ke dalam kuali bersama garbanzos dan ke dalam ketuhar yang telah dipanaskan. Untuk menambah rasa Sepanyol itu, saya taburkannya dengan campuran rempah dan pimenton yang disediakan.

c) Sekarang adalah masa yang sesuai untuk menambah pasta ke dalam periuk semasa kuali berada di dalam ketuhar dan air mendidih. Kedua-duanya harus bersedia pada masa yang sama.

30. Bebola daging dalam sos tomato

Hidangan: 4

bahan-bahan :

- 2 sudu besar minyak zaitun
- 8 oz daging lembu kisar
- 1 cawan (2 oz) serbuk roti putih segar
- 2 sudu besar keju Manchego atau Parmesan parut
- 1 sudu besar pes tomato
- 3 ulas bawang putih, dihiris halus
- 2 daun bawang, dicincang halus
- 2 sudu teh thyme segar yang dicincang
- 1/2 sudu teh kunyit
- Garam dan lada sulah, secukup rasa
- 2 cawan (16 oz) tomato plum dalam tin, dicincang
- 2 sudu besar wain merah
- 2 sudu teh daun selasih segar yang dicincang

- 2 sudu teh rosemary segar yang dicincang

Arah :

a) Satukan daging lembu, serbuk roti, keju, pes tomato, bawang putih, daun bawang, telur, thyme, kunyit, garam dan lada dalam mangkuk adunan.

b) Bentuk adunan menjadi 12 hingga 15 bola pejal dengan tangan anda.

c) Dalam kuali, panaskan minyak zaitun di atas api yang sederhana tinggi. Masak selama beberapa minit, atau sehingga bebola daging keperangan di semua sisi.

d) Dalam mangkuk adunan yang besar, satukan tomato, wain, selasih, dan rosemary. Masak, kacau sekali-sekala, selama kira-kira 20 minit, atau sehingga bebola daging siap.

e) Garam dan lada sulah, kemudian hidangkan bersama rapini, spageti atau roti yang telah dicelur.

31. Sup Kacang Putih

Hidangan: 4

bahan-bahan :

- 1 biji bawang besar dicincang
- 2 sudu besar minyak zaitun
- 2 batang saderi dihiris
- 3 ulas bawang putih kisar
- 4 cawan kacang cannellini dalam tin
- 4 cawan air rebusan ayam
- Garam dan lada sulah secukup rasa
- 1 sudu teh rosemary segar
- 1 cawan kuntum brokoli
- 1 Sudu besar minyak truffle
- 3 Sudu besar keju parmesan parut

Arah :

a) Dalam kuali besar, panaskan minyak.

b) Masak saderi dan bawang selama kira-kira 5 minit dalam kuali.

c) Masukkan bawang putih dan kacau hingga sebati. Masak selama 30 saat lagi.

d) Masukkan kacang, 2 cawan sup ayam, rosemary, garam, dan lada sulah, serta brokoli.

e) Didihkan cecair dan kemudian kecilkan kepada api yang rendah selama 20 minit.

f) Kisar sup dengan pengisar tangan anda sehingga ia mencapai kehalusan yang diingini.

g) Kecilkan api dan taburkan minyak truffle.

h) Sendukkan sup ke dalam pinggan dan taburkan dengan keju Parmesan sebelum dihidangkan.

32. Chowder Ikan

Hidangan: 8

bahan-bahan :

- 32 oz. boleh tomato potong dadu
- 2 sudu besar minyak zaitun
- ¼ cawan saderi cincang
- ½ cawan stok ikan
- ½ cawan wain putih
- 1 cawan jus V8 pedas
- 1 lada benggala hijau dicincang
- 1 biji bawang besar dicincang
- 4 ulas bawang putih kisar
- Garam lada secukup rasa
- 1 sudu teh perasa Itali
- 2 biji lobak merah yang dikupas dan dihiris
- 2 ½ paun tilapia yang dipotong
- ½ paun udang yang dikupas dan dibuang kulit

Arah :

a) Dalam periuk besar anda, panaskan minyak zaitun dahulu.

b) Masak lada benggala, bawang, dan saderi selama 5 minit dalam kuali panas.

c) Selepas itu, masukkan bawang putih. Masak selama 1 minit selepas itu.

d) Dalam mangkuk adunan besar, satukan semua Bahan yang tinggal kecuali makanan laut.

e) Masak rebusan selama 40 minit dengan api perlahan.

f) Masukkan tilapia dan udang dan kacau hingga sebati.

g) Reneh selama 5 minit tambahan.

h) Rasa dan sesuaikan perasa sebelum dihidangkan.

33. Pasta dan Fagioli

Hidangan: 10

bahan-bahan :

- 1 ½ lb. daging lembu kisar
- 2 biji bawang besar
- ½ sudu teh serpihan lada merah
- 3 Sudu besar minyak zaitun
- 4 batang saderi dihiris
- 2 ulas bawang putih kisar
- 5 cawan air rebusan ayam
- 1 cawan sos tomato
- 3 Sudu besar pes tomato
- 2 sudu teh oregano
- 1 sudu teh selasih
- Garam dan lada sulah secukup rasa
- 1 15-oz. boleh kacang cannellini
- 2 cawan pasta Itali kecil yang dimasak

Arah :

a) Dalam periuk besar, perangkan daging selama 5 minit, atau sehingga ia tidak lagi merah jambu. Keluarkan daripada persamaan.

b) Dalam kuali besar, panaskan minyak zaitun dan masak bawang, saderi, dan bawang putih selama 5 minit.

c) Masukkan sup, sos tomato, pes tomato, garam, lada sulah, basil, dan kepingan lada merah, dan kacau untuk menggabungkan.

d) Letakkan penutup pada periuk. Sup hendaklah dibiarkan masak selama 1 jam.

e) Masukkan daging lembu dan masak selama 15 minit lagi.

f) Masukkan kacang dan kacau hingga sebati. Selepas itu, masak selama 5 minit dengan api perlahan.

g) Masukkan pasta yang telah dimasak dan masak selama 3 minit, atau sehingga panas.

34. Bebola daging dan Sup Tortellini

Hidangan: 6

bahan-bahan :

- 2 sudu besar minyak zaitun
- 1 biji bawang besar dipotong dadu
- 3 ulas bawang putih kisar
- Garam dan lada sulah secukup rasa
- 8 cawan stok ayam
- 1 ½ cawan tomato dalam tin dipotong dadu
- 1 cawan kangkung cincang
- 1 cawan kacang pea beku yang dicairkan
- 1 sudu teh selasih dihancurkan
- 1 sudu teh oregano
- 1 daun salam
- 1 lb bebola daging yang dicairkan - apa-apa jenis
- 1 paun keju tortellini segar
- ¼ cawan keju Parmesan parut

Arah :

a) Dalam periuk besar, panaskan minyak zaitun dan tumis bawang merah dan bawang putih selama 5 minit.

b) Dalam periuk besar, gabungkan stok ayam, tomato cincang, kangkung, kacang polong, selasih, oregano, garam, lada, dan daun bay.

c) Didihkan cecair seterusnya. Selepas itu, masak selama 5 minit dengan api perlahan.

d) Keluarkan daun bay dan toskan.

e) Reneh selama 5 minit lagi selepas menambah bebola daging dan tortellini.

f) Akhir sekali, hidangkan dalam mangkuk dengan keju parut di atasnya.

35. Ayam Marsala

Hidangan: 4

bahan-bahan :

- ¼ cawan tepung
- Garam dan lada sulah secukup rasa
- ½ sudu teh thyme
- 4 ketul dada ayam tanpa tulang, ditumbuk
- ¼ cawan mentega
- ¼ cawan minyak zaitun
- 2 ulas bawang putih kisar
- 1 ½ cawan cendawan dihiris
- 1 biji bawang besar dipotong dadu
- 1 cawan marsala
- ¼ cawan separuh setengah atau krim kental

Arah :

a) Dalam mangkuk adunan, satukan tepung, garam, lada sulah, dan thyme.

b) Dalam mangkuk yang berasingan, korek dada ayam dalam adunan.

c) Dalam kuali besar, cairkan mentega dan minyak.

d) Masak bawang putih selama 3 minit dalam kuali.

e) Masukkan ayam dan masak selama 4 minit pada setiap sisi.

f) Dalam kuali, satukan cendawan, bawang, dan marsala.

g) Masak ayam selama 10 minit dengan api perlahan.

h) Pindahkan ayam ke dalam pinggan hidangan.

i) Campurkan dalam setengah setengah atau krim berat. Kemudian, semasa memasak dengan tinggi selama 3 minit, kacau sentiasa.

j) Siram ayam dengan sos.

36. Ayam Cheddar Bawang Putih

Hidangan: 8

bahan-bahan :

- ¼ cawan mentega
- ¼ cawan minyak zaitun
- ½ cawan keju parmesan parut
- ½ cawan serbuk roti Panko
- ½ cawan keropok Ritz hancur
- 3 ulas bawang putih kisar
- 1 ¼ keju cheddar tajam
- ¼ sudu teh perasa Itali
- Garam dan lada sulah secukup rasa
- ¼ cawan tepung
- 8 dada ayam

Arah :

a) Panaskan ketuhar hingga 350 darjah Fahrenheit.

b) Dalam kuali, cairkan mentega dan minyak zaitun dan masak bawang putih selama 5 minit.

c) Dalam mangkuk adunan yang besar, satukan serbuk roti, keropok pecah, kedua-dua keju, perasa, garam dan lada sulah.

d) Celupkan setiap ketul ayam ke dalam adunan mentega/minyak zaitun secepat mungkin.

e) Tepung ayam dan korek ke dalamnya.

f) Panaskan ketuhar hingga 350°F dan salutkan ayam dengan campuran serbuk roti.

g) Letakkan setiap keping ayam dalam bekas pembakar.

h) Lumurkan adunan mentega/minyak di atas.

i) Panaskan ketuhar hingga 350°F dan bakar selama 30 minit.

j) Untuk lebih rangup, letak di bawah ayam daging selama 2 minit.

37. Ayam Fettuccini Alfredo

Hidangan: 8

bahan-bahan :

- 1 paun pasta fettuccine
- 6 dada ayam tanpa tulang, tanpa kulit, dipotong menjadi kiub ¾ cawan mentega, dibahagikan
- 5 ulas bawang putih kisar
- 1 sudu teh thyme
- 1 sudu teh oregano
- 1 biji bawang besar dipotong dadu
- 1 cawan cendawan dihiris
- ½ cawan tepung
- Garam dan lada sulah secukup rasa
- 3 cawan susu penuh
- 1 cawan krim berat
- ¼ cawan keju gruyere parut
- ¾ cawan keju parmesan parut

Arah :

a) Panaskan ketuhar hingga 350°F dan masak pasta mengikut Arahan pakej, kira-kira 10 minit.

b) Dalam kuali, cairkan 2 sudu besar mentega dan masukkan kiub ayam, bawang putih, thyme, dan oregano, masak dengan api perlahan selama 5 minit, atau sehingga ayam tidak lagi merah jambu. Keluarkan.

c) Dalam kuali yang sama, cairkan baki 4 sudu besar mentega dan tumis bawang dan cendawan.

d) Masukkan tepung, garam dan lada sulah selama 3 minit.

e) Masukkan krim kental dan susu. Kacau selama 2 minit lagi.

f) Kacau keju selama 3 minit dengan api perlahan.

g) Kembalikan ayam ke dalam kuali dan perasakan secukup rasa.

h) Masak selama 3 minit dengan api bawah.

i) Tuangkan sos ke atas pasta.

38. Ziti dengan Sosej

Hidangan: 8

bahan-bahan :

- 1 paun sosej Itali hancur
- 1 cawan cendawan dihiris
- ½ cawan saderi dipotong dadu
- 1 biji bawang besar dipotong dadu
- 3 ulas bawang putih kisar
- 42 oz. sos spageti yang dibeli di kedai atau buatan sendiri
- Garam dan lada sulah secukup rasa
- ½ sudu teh oregano
- ½ sudu teh selasih
- 1 paun pasta ziti yang belum dimasak
- 1 cawan keju mozzarella yang dicincang
- ½ cawan keju parmesan parut
- 3 Sudu besar pasli cincang

Arah :

a) Dalam kuali, perangkan sosej, cendawan, bawang, dan saderi selama 5 minit.

b) Selepas itu, masukkan bawang putih. Masak selama 3 minit lagi. Keluarkan daripada persamaan.

c) Masukkan sos spageti, garam, lada sulah, oregano, dan basil ke dalam kuali yang berasingan.

d) Reneh sos selama 15 minit.

e) Sediakan pasta dalam kuali mengikut **Arahan pakej** semasa sos masak. longkang.

f) Panaskan ketuhar hingga 350 darjah Fahrenheit.

g) Dalam hidangan pembakar, masukkan ziti, campuran sosej, dan mozzarella yang dicincang dalam dua lapisan.

h) Taburkan pasli dan keju parmesan di atasnya.

i) Panaskan ketuhar hingga 350°F dan bakar selama 25 minit.

39. Sosej dan Lada

Hidangan: 4

bahan-bahan :

- 1 bungkus spageti
- 1 Sudu besar minyak zaitun
- 4 pautan sosej Itali manis dipotong menjadi kepingan bersaiz gigitan
- 2 biji lada benggala merah dipotong menjadi jalur.
- 2 lada benggala hijau dipotong menjadi jalur
- 2 lada benggala oren dipotong menjadi jalur
- 3 ulas bawang putih kisar
- 1 sudu teh perasa Itali
- Garam dan lada sulah secukup rasa
- 3 Sudu besar minyak zaitun dara
- 12 oz. tomato potong dadu dalam tin
- 3 Sudu besar wain merah
- 1/3 cawan pasli cincang

- ¼ cawan keju Asiago parut

Arah :

a) Masak spageti mengikut Arahan pakej, yang sepatutnya mengambil masa sekitar 5 minit. Toskan b)Dalam kuali, panaskan minyak zaitun dan perangkan sosej selama 5 minit.

b) Letakkan sosej di atas pinggan hidangan.

c) Masukkan lada, bawang putih, perasa Itali, garam, dan lada ke dalam kuali yang sama.

d) Tuangkan 3 sudu besar minyak zaitun ke atas lada.

e) Masukkan tomato dadu dan wain dan kacau hingga sebati.

f) Tumis selama 10 minit.

g) Laraskan perasa dengan toskan spageti bersama lada.

h) Masukkan pasli dan keju Asiago di atas.

40. Lasagna saus

Hidangan: 4

bahan-bahan :

- 1½ paun sosej Itali pedas hancur
- 5 cawan sos spageti yang dibeli di kedai
- 1 cawan sos tomato
- 1 sudu teh perasa Itali
- ½ cawan wain merah
- 1 Sudu besar gula
- 1 sudu besar minyak
- 5 sarung tangan bawang putih cincang
- 1 biji bawang besar dipotong dadu
- 1 cawan keju mozzarella yang dicincang
- 1 cawan keju provolone yang dicincang
- 2 cawan keju ricotta
- 1 cawan keju kotej
- 2 biji telur besar
- ¼ cawan susu

- 9 mee lasagna mi - parboil ed
- ¼ cawan keju parmesan parut

Arah :

a) Panaskan ketuhar hingga 375 darjah Fahrenheit.

b) Dalam kuali, perangkan sosej yang telah hancur selama 5 minit. Mana-mana gris hendaklah dibuang.

c) Dalam periuk besar, satukan sos pasta, sos tomato, perasa Itali, wain merah dan gula dan gaul sebati.

d) Dalam kuali, panaskan minyak zaitun. Kemudian, selama 5 minit, tumis bawang putih dan bawang besar.

e) Masukkan sosej, bawang putih dan bawang besar ke dalam sos.

f) Selepas itu, tutup periuk dan biarkan mendidih selama 45 minit.

g) Dalam hidangan campuran, gabungkan keju mozzarella dan provolone.

h) Dalam mangkuk yang berasingan, satukan ricotta, keju kotej, telur dan susu.

i) Dalam hidangan pembakar 9 x 13, tuangkan 12 cawan sos ke bahagian bawah hidangan.

j) Sekarang susun mee, sos, ricotta, dan mozzarella dalam hidangan pembakar dalam tiga lapisan.

k) Sapukan keju parmesan di atas.

l) Bakar dalam hidangan bertutup selama 30 minit.

m) Bakar selama 15 minit lagi selepas mendedahkan hidangan.

41. Makan Malam Makanan Laut Diavolo

Hidangan: 4

bahan-bahan :

- 1 paun udang besar yang telah dikupas dan dikupas
- ½ paun kerang yang telah digoreng
- 3 Sudu besar minyak zaitun
- ½ sudu teh serpihan lada merah
- Garam secukup rasa
- 1 biji bawang besar dihiris kecil
- ½ sudu teh thyme
- ½ sudu teh oregano
- 2 biji ikan bilis hancur
- 2 Sudu besar pes tomato
- 4 ulas bawang putih kisar
- 1 cawan wain putih
- 1 sudu teh jus lemon
- 2 ½ cawan tomato potong dadu
- 5 Sudu besar pasli

Arah :

a) Dalam hidangan campuran, satukan udang, kerang, minyak zaitun, kepingan lada merah, dan garam.

b) Panaskan kuali hingga 350°F. Selama 3 minit, tumis makanan laut dalam satu lapisan. Ini adalah sesuatu yang boleh dilakukan secara berkelompok.

c) Letakkan udang dan kerang di atas pinggan hidangan.

d) Panaskan semula kuali.

e) Selama 2 minit, tumis bawang besar, herba, isi ikan bilis, dan pes tomato.

f) Satukan wain, jus lemon, dan tomato dadu dalam mangkuk adunan.

g) Didihkan cecair.

h) Tetapkan suhu ke tahap yang rendah. Masak selama 15 minit selepas itu.

i) Kembalikan makanan laut ke dalam kuali, bersama dengan pasli.

j) Masak selama 5 minit dengan api perlahan.

42. Linguine dan Udang Scampi

Hidangan: 6

bahan-bahan :

- 1 pakej pasta linguine
- ¼ cawan mentega
- 1 lada benggala merah dihiris
- 5 ulas bawang putih kisar
- 45 ekor udang besar mentah yang dikupas dan dibuang ½ cawan wain putih kering ¼ cawan air rebusan ayam
- 2 sudu besar jus lemon
- ¼ cawan mentega
- 1 sudu kecil serpihan lada merah dihancurkan
- ½ sudu teh kunyit
- ¼ cawan pasli cincang
- Garam secukup rasa

Arah :

a) Masak pasta mengikut Arahan pakej, yang sepatutnya mengambil masa sekitar 10 minit.

b) Toskan air dan ketepikan.

c) Dalam kuali besar, cairkan mentega.

d) Masak lada benggala dan bawang putih dalam kuali selama 5 minit.

e) Masukkan udang dan teruskan tumis selama 5 minit lagi.

f) Keluarkan udang ke pinggan, tetapi simpan bawang putih dan lada dalam kuali.

g) Didihkan wain putih, sup, dan jus lemon.

h) Kembalikan udang ke kuali dengan 14 cawan lagi yang lebih baik.

i) Masukkan kepingan lada merah, kunyit, dan pasli, dan perasakan dengan garam secukup rasa.

j) Reneh selama 5 minit selepas digaul bersama pasta.

43. Udang dengan Sos Krim Pesto

Hidangan: 6

bahan-bahan :

- 1 pakej pasta linguine
- 1 Sudu besar minyak zaitun
- 1 biji bawang besar dicincang
- 1 cawan cendawan dihiris
- 6 ulas bawang putih kisar
- $\frac{1}{2}$ cawan mentega
- Garam dan lada sulah secukup rasa
- $\frac{1}{2}$ sudu teh lada cayenne
- 1 3/4 cawan parut Pecorino Romano
- 3 Sudu besar tepung
- $\frac{1}{2}$ cawan krim berat
- 1 cawan pesto
- 1 lb. udang masak, dikupas dan dikeringkan

Arah :

a) Masak pasta mengikut Arahan pakej, yang sepatutnya mengambil masa sekitar 10 minit. longkang.

b) Dalam kuali, panaskan minyak dan masak bawang dan cendawan selama 5 minit.

c) Masak selama 1 minit selepas kacau dalam bawang putih dan mentega.

d) Dalam kuali, tuangkan krim pekat dan perasakan dengan garam, lada sulah dan lada cayenne.

e) Reneh selama 5 minit lagi.

f) Masukkan keju dan kacau hingga sebati. Teruskan pukul sehingga keju cair.

g) Kemudian, untuk memekatkan sos, campurkan tepung.

h) Masak selama 5 minit dengan pesto dan udang.

i) Salutkan pasta dengan sos.

44. Sup Ikan dan Chorizo

Hidangan : 4

bahan-bahan :

- 2 kepala ikan (digunakan untuk memasak stok ikan)
- 500g isi ikan , potong kecil
- 1 biji bawang
- 1 ulas bawang putih
- 1 cawan wain putih
- 2 sudu besar minyak zaitun
- 1 genggam pasli (dicincang)
- 2 cawan stok ikan
- 1 genggam oregano (dicincang)
- 1 sudu besar garam
- 1 Sudu besar lada
- 1 biji saderi
- 2 tin tomato (tomato)
- 2 biji cili merah
- 2 biji sosej chorizo

- 1 Sudu besar paprika
- 2 daun salam

Arah :

a) Bersihkan kepala ikan. Insang harus dikeluarkan. Perasakan dengan garam. Masak selama 20 minit pada suhu rendah. Keluarkan daripada persamaan.

b) Dalam kuali, tuangkan minyak zaitun. Satukan bawang, daun bay, bawang putih, chorizo, dan paprika dalam mangkuk adunan yang besar. 7 minit dalam ketuhar

c) Dalam mangkuk adunan yang besar, satukan cili merah, tomato, saderi, lada, garam, oregano, stok ikan dan wain putih.

d) Masak selama 10 minit.

e) Masukkan ikan. 4 minit dalam ketuhar

f) Gunakan nasi sebagai ulam.

g) Masukkan pasli sebagai hiasan.

45. Ratatouille Sepanyol

Hidangan : 4

bahan-bahan :

- 1 lada benggala merah (potong dadu)
- 1 bawang bersaiz sederhana (dihiris atau dicincang)
- 1 ulas bawang putih
- 1 Zucchini (dicincang)
- 1 lada benggala hijau (dipotong dadu)
- 1 sudu besar garam
- 1 Sudu besar lada
- 1 tin tomato (dicincang)
- 3 Sudu besar minyak zaitun
- 1 percikan wain putih
- 1 genggam Parsley segar

Arah :

a) Dalam kuali, tuangkan minyak zaitun.

b) Masukkan bawang. Biarkan 4 minit masa menggoreng dengan api sederhana.

c) Masukkan bawang putih dan lada sulah. Biarkan 2 minit lagi menggoreng.

d) Masukkan zucchini, tomato, wain putih, dan perasakan dengan garam dan lada secukup rasa.

e) Masak selama 30 minit atau sehingga masak.

f) Hiaskan dengan pasli, jika mahu.

g) Hidangkan bersama nasi atau roti bakar sebagai ulam.

h) Nikmati!!!

46. Rebus kacang dan Chorizo

Hidangan : 3

bahan-bahan :

- 1 lobak merah (dipotong dadu)
- 3 Sudu besar minyak zaitun
- 1 biji bawang bersaiz sederhana
- 1 lada benggala merah
- 400g kacang fabes kering
- 300 gram sosej Chorizo
- 1 lada benggala hijau
- 1 cawan pasli (dicincang)
- 300g tomato (potong dadu)
- 2 cawan stok ayam
- 300 gram paha ayam (fillet)
- 6 ulas bawang putih
- 1 kentang bersaiz sederhana (dipotong dadu)
- 2 Sudu besar thyme
- 2 sudu besar garam secukup rasa

- 1 Sudu besar lada

Arah :

a) Dalam kuali, tuangkan minyak sayuran. Masukkan bawang. Biarkan 2 minit masa menggoreng dengan api sederhana.

b) Dalam mangkuk adunan yang besar, satukan bawang putih, lobak merah, lada benggala, chorizo, dan paha ayam. Biarkan 10 minit untuk memasak.

c) Masukkan thyme, stok ayam, kacang, kentang, tomato, pasli, dan perasakan dengan garam dan lada sulah secukup rasa.

d) Masak selama 30 minit, atau sehingga kacang empuk dan rebusan telah pekat.

47. Gazpacho

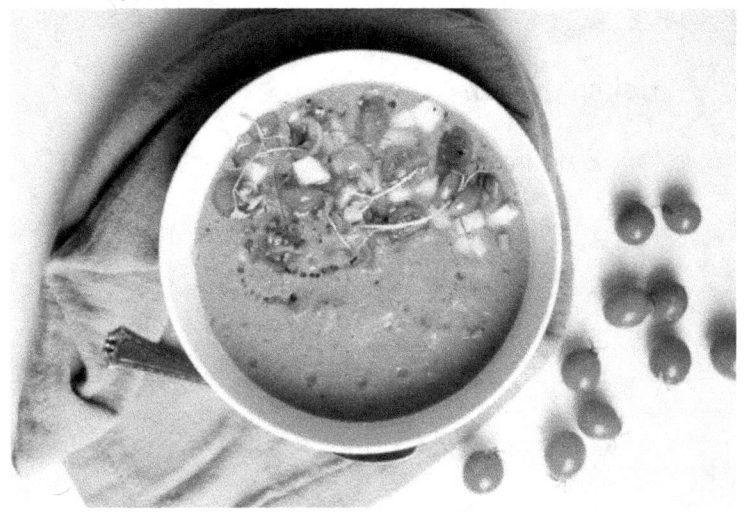

Hidangan : 6

bahan-bahan :

- 2 paun tomato masak , dicincang
- 1 lada benggala merah (dipotong dadu)
- 2 ulas bawang putih (kisar)
- 1 sudu besar garam
- 1 Sudu besar lada
- 1 sudu besar jintan manis (kisar)
- 1 cawan bawang merah (dicincang)
- 1 lada Jalapeno bersaiz besar
- 1 cawan minyak zaitun
- 1 biji limau nipis 1 biji timun bersaiz sederhana
- 2 sudu besar cuka
- 1 cawan tomato (jus)
- 1 sudu besar sos Worcestershire
- 2 sudu besar selasih segar (dihiris)
- 2 keping roti

Arah :

a) Dalam mangkuk adunan, satukan timun, tomato, lada, bawang merah, bawang putih, jalapeno, garam, dan jintan manis. Kacau semuanya bersama-sama sepenuhnya.

b) Dalam pengisar, satukan minyak zaitun, cuka, sos Worcestershire, jus limau nipis, jus tomato dan roti. Kisar sehingga adunan benar-benar licin.

c) Masukkan adunan yang telah dikisar ke dalam adunan asal menggunakan penapis.

d) Pastikan anda menggabungkan semuanya sepenuhnya.

e) Masukkan separuh adunan ke dalam pengisar dan haluskan. Kisar sehingga adunan benar-benar licin.

f) Kembalikan adunan bercampur ke adunan yang lain. Kacau semuanya bersama-sama sepenuhnya.

g) Sejukkan mangkuk selama 2 jam selepas menutupnya.

h) Selepas 2 jam, keluarkan mangkuk. Perasakan adunan dengan garam dan lada sulah. Taburkan selasih di atas hidangan.

i) Hidang.

48. Sotong dan Nasi

Hidangan : 4

bahan-bahan :

- 6 oz. makanan laut (mana-mana pilihan anda)
- 3 ulas bawang putih
- 1 biji bawang besar sederhana (dihiris)
- 3 Sudu besar minyak zaitun
- 1 lada hijau (dihiris)
- 1 sudu besar dakwat sotong
- 1 tandan pasli
- 2 Sudu besar paprika
- 550 gram sotong (dibersihkan)
- 1 sudu besar garam
- 2 biji saderi (potong dadu)
- 1 helai daun salam segar
- 2 biji tomato bersaiz sederhana (parut)
- 300g beras calasparra
- 125ml wain putih

- 2 cawan stok ikan
- 1 biji lemon

Arah :

a) Dalam kuali, tuangkan minyak zaitun. Satukan bawang besar, daun bay, lada, dan bawang putih dalam mangkuk adunan. Biarkan beberapa minit menggoreng.

b) Masukkan sotong dan makanan laut. Masak beberapa minit, kemudian keluarkan sotong/makanan laut.

c) Dalam mangkuk adunan yang besar, satukan paprika, tomato, garam, saderi, wain dan pasli. Biarkan 5 minit untuk sayur-sayuran selesai masak.

d) Masukkan beras yang telah dibilas dalam kuali. Satukan stok ikan dan dakwat sotong dalam mangkuk adunan.

e) Masak selama 10 minit. Satukan makanan laut dan sotong dalam mangkuk adunan yang besar.

f) Masak selama 5 minit lagi.

g) Hidangkan dengan aioli atau lemon.

49. Rebus arnab dalam tomato

Hidangan : 5

bahan-bahan :
- 1 ekor arnab penuh , potong kecil
- 1 daun salam
- 2 biji bawang bersaiz besar
- 3 ulas bawang putih
- 2 sudu besar minyak zaitun
- 1 Sudu besar paprika manis
- 2 tangkai rosemary segar
- 1 tin tomato
- 1 tangkai thyme
- 1 cawan wain putih
- 1 sudu besar garam
- 1 Sudu besar lada

Arah :

a) Dalam kuali, panaskan minyak zaitun di atas api yang sederhana tinggi.

b) Panaskan minyak dan masukkan ketulan arnab. Goreng sehingga kepingan menjadi perang sekata.

c) Keluarkannya setelah selesai.

d) Masukkan bawang besar dan bawang putih ke dalam kuali yang sama. Masak sehingga ia benar-benar lembut.

e) Dalam mangkuk adunan yang besar, satukan thyme, paprika, rosemary, garam, lada, tomato dan daun bay. Biarkan 5 minit untuk memasak.

f) Masukkan ketulan arnab dengan wain. Masak, ditutup, selama 2 jam, atau sehingga ketulan arnab masak dan sos telah pekat.

g) Hidangkan bersama kentang goreng atau roti bakar.

50. Udang dengan Adas

Hidangan : 3

bahan-bahan :

- 1 sudu besar garam
- 1 Sudu besar lada
- 2 ulas bawang putih (hiris)
- 2 sudu besar minyak zaitun
- 4 Sudu besar manzanilla sherry
- 1 mentol adas
- 1 genggam tangkai pasli
- 600g tomato ceri
- 15 ekor udang bersaiz besar , dikupas
- 1 cawan wain putih

Arah :

a) Dalam periuk besar, panaskan minyak. Letakkan ulas bawang putih yang telah dipotong ke dalam mangkuk. Biarkan goreng sehingga bawang putih berwarna perang keemasan.

b) Masukkan adas dan pasli ke dalam adunan. Masak selama 10 minit dengan api perlahan.

c) Dalam mangkuk adunan yang besar, satukan tomato, garam, lada, sherry dan wain. Didihkan selama 7 minit, atau sehingga sos pekat.

d) Letakkan udang kupas di atas. Masak selama 5 minit, atau sehingga udang bertukar merah jambu.

e) Hiaskan dengan taburan daun pasli.

f) Hidangkan bersama roti sebelah.

PENJERAHAN MEDITERRANEAN

51. Coklat Panna Cotta

5 bahagian

bahan-bahan :

- 500 ml krim berat
- 10 g gelatin
- 70 g coklat hitam
- 2 sudu besar yogurt
- 3 sudu besar gula
- sedikit garam

Arah :

a) Dalam sedikit krim, rendam gelatin.

b) Dalam periuk kecil, tuangkan baki krim. Didihkan gula dan yogurt, kacau sekali-sekala, tetapi jangan mendidih. Keluarkan kuali dari api.

c) Masukkan coklat dan gelatin sehingga ia larut sepenuhnya.

d) Isikan acuan dengan adunan dan sejukkan selama 2-3 jam.

e) Untuk melepaskan panna cotta dari acuan, siramkannya di bawah air panas selama beberapa saat sebelum mengeluarkan pencuci mulut.

f) Hias mengikut citarasa anda dan hidangkan!

52. Cheesy Galette dengan Salami

5 bahagian

bahan-bahan :

- 130 g mentega
- 300 g tepung
- 1 sudu teh garam
- 1 biji telur
- 80 ml susu
- 1/2 sudu teh cuka
- Pengisian:
- 1 biji tomato
- 1 lada manis
- zucchini
- salami
- mozarella
- 1 Sudu besar minyak zaitun
- herba (seperti thyme, basil, bayam)

Arah :

a) Kiubkan mentega.

b) Dalam mangkuk atau kuali, satukan minyak, tepung, dan garam dan potong dengan pisau.

c) Masukkan telur, sedikit cuka, dan sedikit susu.

d) Mula menguli doh. Sejukkan selama setengah jam selepas digulung menjadi bebola dan balut dengan bungkus plastik.

e) Potong semua bahan inti.

f) Letakkan inti di tengah bulatan besar doh yang telah digulung di atas kertas pembakar (kecuali Mozzarella).

g) Taburkan dengan minyak zaitun dan perasakan dengan garam dan lada sulah.

h) Kemudian angkat tepi doh dengan berhati-hati, bungkusnya di sekeliling bahagian yang bertindih, dan tekan perlahan-lahan.

i) Panaskan ketuhar hingga 200°C dan bakar selama 35 minit. Masukkan mozzarella sepuluh minit sebelum tamat masa membakar dan teruskan membakar.

j) Hidangkan segera!

53. Tiramisu

Hidangan: 6

bahan-bahan :

- 4 biji kuning telur
- ¼ cawan gula putih
- 1 sudu besar ekstrak vanila
- ½ cawan krim putar
- 2 cawan keju mascarpone
- 30 jari wanita
- 1 ½ cawan kopi dibancuh ais sejuk disimpan di dalam peti sejuk
- ¾ cawan minuman keras Frangelico
- 2 Sudu besar serbuk koko tanpa gula

Arah :

a) Dalam bekas adunan, pukul bersama kuning telur, gula, dan ekstrak vanila sehingga berkrim.

b) Selepas itu, pukul krim putar sehingga pekat.

c) Satukan keju mascarpone dan krim putar.

d) Dalam mangkuk adunan kecil, lipat sedikit mascarpone ke dalam kuning telur dan ketepikan.

e) Campurkan minuman keras dengan kopi sejuk.

f) Celupkan jari wanita ke dalam campuran kopi dengan segera. Jika jari-jari wanita terlalu basah atau lembap, ia akan menjadi basah.

g) Letakkan separuh daripada jari wanita di bahagian bawah hidangan pembakar 9x13 inci.

h) Letakkan separuh adunan inti di atas.

i) Letakkan baki jari wanita di atas.

j) Letakkan penutup di atas pinggan. Selepas itu, sejukkan selama 1 jam.

k) Habuk dengan serbuk koko.

54. Ricotta Pie berkrim

Hidangan: 6

bahan-bahan :

- 1 kerak pai yang dibeli di kedai
- 1½ paun keju ricotta
- ½ cawan keju mascarpone
- 4 biji telur dipukul
- ½ cawan gula putih
- 1 Sudu besar brendi

Arah :

a) Panaskan ketuhar hingga 350 darjah Fahrenheit.

b) Satukan semua Bahan inti dalam mangkuk adunan. Kemudian tuang adunan ke dalam kerak.

c) Panaskan ketuhar hingga 350°F dan bakar selama 45 minit.

d) Sejukkan pai selama sekurang-kurangnya 1 jam sebelum dihidangkan.

55. Kuki Anisette

Hidangan: 36

bahan-bahan :

- 1 cawan gula
- 1 cawan mentega
- 3 cawan tepung
- $\frac{1}{2}$ cawan susu
- 2 biji telur dipukul
- 1 Sudu besar serbuk penaik
- 1 sudu besar ekstrak badam
- 2 sudu teh minuman keras aniset
- 1 cawan gula kuih-muih

Arah :

a) Panaskan ketuhar hingga 375 darjah Fahrenheit.

b) Putar gula dan mentega hingga lembut dan kembang.

c) Masukkan tepung, susu, telur, serbuk penaik, dan ekstrak badam secara beransur-ansur.

d) Uli doh sehingga menjadi likat.

e) Buat bebola kecil daripada kepingan doh sepanjang 1 inci.

f) Panaskan ketuhar hingga 350°F dan griskan loyang. Letakkan bebola di atas loyang.

g) Panaskan ketuhar hingga 350°F dan bakar biskut selama 8 minit.

h) Satukan minuman keras anisette, gula manisan, dan 2 sudu besar air panas dalam mangkuk adunan.

i) Akhir sekali, celupkan biskut ke dalam glaze semasa ia masih suam.

56. Panna Cotta

Hidangan: 6

bahan-bahan :
- ⅓ cawan susu
- 1 paket gelatin tanpa rasa
- 2 ½ cawan krim berat
- ¼ cawan gula
- ¾ cawan hirisan strawberi
- 3 Sudu besar gula perang
- 3 Sudu besar brendi

Arah :

a) Kacau susu dan gelatin sehingga gelatin larut sepenuhnya. Keluarkan daripada persamaan.

b) Dalam periuk kecil, masak krim pekat dan gula sehingga mendidih.

c) Masukkan campuran gelatin ke dalam krim berat dan pukul selama 1 minit.

d) Bahagikan adunan antara 5 ramekin.

e) Letakkan bungkus plastik di atas ramekin. Selepas itu, sejukkan selama 6 jam.

f) Dalam mangkuk adunan, satukan strawberi, gula perang dan brendi; sejuk selama sekurang-kurangnya 1 jam.

g) Letakkan strawberi di atas panna cotta.

57. Karamel Flan

Hidangan : 4

bahan-bahan :

- 1 sudu besar ekstrak vanila
- 4 biji telur
- 2 tin susu (1 sejat dan 1 pekat manis)
- 2 cawan sebat krim
- 8 Sudu besar gula

Arah :

a) Panaskan ketuhar hingga 350 darjah Fahrenheit.

b) Dalam kuali nonstick, cairkan gula dengan api sederhana sehingga kekuningan.

c) Tuangkan gula cair ke dalam loyang semasa masih panas.

d) Dalam hidangan adunan, pecahkan dan pukul telur. Satukan susu pekat, ekstrak vanila, krim, dan susu manis dalam mangkuk adunan. Buat campuran yang teliti.

e) Tuangkan adunan ke dalam loyang yang disalut gula cair. Letakkan kuali dalam kuali yang lebih besar dengan 1 inci air mendidih.

f) Bake selama 60 minit.

58. Krim Catalan

Hidangan : 3

bahan-bahan :

- 4 biji kuning telur
- 1 kayu manis (batang)
- 1 biji lemon (perahan kulit)
- 2 Sudu besar tepung jagung
- 1 cawan gula
- 2 cawan susu
- 3 cawan Buah Segar (beri atau buah tin)

Arah :

a) Dalam kuali, pukul bersama kuning telur dan sebahagian besar gula. Kisar sehingga adunan berbuih dan licin.

b) Masukkan batang kayu manis bersama kulit lemon. Buat campuran yang teliti.

c) Campurkan tepung jagung dan susu. Di bawah api perlahan, kacau sehingga adunan menjadi pekat.

d) Keluarkan periuk dari ketuhar. Biarkan sejuk selama beberapa minit.

e) Masukkan adunan dalam ramekin dan ketepikan.

f) Ketepikan sekurang-kurangnya 3 jam di dalam peti sejuk.

g) Apabila sedia untuk dihidangkan, taburkan baki gula ke atas ramekin.

h) Letakkan ramekin di rak bawah dandang. Biarkan gula cair sehingga bertukar warna perang keemasan.

i) Sebagai hiasan, hidangkan bersama buah-buahan.

59. Krim Sepanyol oren-lemon

Hidangan : 1 Hidangan

Bahan

- 4½ sudu teh Gelatin biasa
- ½ cawan jus oren
- ¼ cawan Jus lemon
- 2 cawan susu
- 3 Telur, dipisahkan
- ⅔ cawan gula
- Secubit garam
- 1 sudu besar Kulit oren parut

Arah :

a) Campurkan gelatin, jus oren, dan jus lemon bersama-sama dan biarkan selama 5 minit.

b) Panaskan susu dan pukul kuning, gula, garam, dan kulit oren.

c) Masak dalam double boiler sehingga menyaluti bahagian belakang sudu (atas air, bukan air mendidih).

d) Selepas itu, masukkan adunan gelatin. Sejuk.

e) Masukkan putih telur yang telah dipukul kaku ke dalam adunan.

f) Sejukkan sehingga set.

60. tembikai mabuk

Hidangan : 4 hingga 6 hidangan

Bahan

- Untuk hidangan Pilihan 3 hingga 6 keju Sepanyol yang berbeza
- 1 Wain port botol
- 1 Tembikai, bahagian atas dibuang dan deed ed

Arah :

a) Satu hingga tiga hari sebelum makan malam, tuangkan port ke dalam tembikai.

b) Sejukkan di dalam peti sejuk, ditutup dengan bungkus plastik dan bahagian atas diganti.

c) Keluarkan tembikai dari peti sejuk dan keluarkan bungkus dan bahagian atasnya apabila sedia untuk dihidangkan.

d) Keluarkan port dari tembikai dan letakkan di dalam mangkuk.

e) Potong tembikai menjadi kepingan selepas mengeluarkan kulitnya. Letakkan kepingan dalam empat hidangan sejuk berasingan.

f) Hidangkan di atas ulam dengan keju.

61. Sorbet badam

Hidangan : 1 hidangan

Bahan

- 1 cawan Badam rebus; dibakar
- 2 cawan Mata air
- $\frac{3}{4}$ cawan gula
- 1 secubit Kayu manis
- 6 sudu besar Sirap jagung ringan
- 2 sudu besar Amaretto
- 1 sudu kecil kulit limau

Arah :

a) Dalam pemproses makanan, kisar badam hingga menjadi serbuk. Dalam periuk besar, satukan air, gula, sirap jagung, minuman keras, kulit, dan kayu manis, kemudian masukkan kacang tanah.

b) Dengan api sederhana, kacau sentiasa sehingga gula larut dan adunan mendidih. 2 minit semasa mendidih

c) Ketepikan untuk menyejukkan Dengan menggunakan pembuat aiskrim, kisar adunan sehingga separa beku.

d) Jika anda tidak mempunyai pembuat ais krim, pindahkan adunan ke dalam mangkuk keluli tahan karat dan beku sehingga keras, kacau setiap 2 jam.

62. Torte epal Sepanyol

Hidangan : 8 Hidangan

Bahan

- ¼ paun Mentega
- ½ cawan gula
- 1 Kuning telur
- 1½ cawan Tepung yang diayak
- 1 sengkang garam
- ⅛ sudu teh Serbuk penaik
- 1 cawan susu
- ½ Kulit limau
- 3 Kuning telur
- ¼ cawan gula
- ¼ cawan tepung
- 1½ sudu besar Mentega
- ¼ cawan gula
- 1 sudu besar Jus lemon
- ½ sudu teh Kayu manis

- 4 Epal, dikupas dan dihiris
- Epal; aprikot, atau mana-mana jeli pilihan

Arah :

a) Panaskan ketuhar hingga 350°F. Satukan gula dan mentega dalam mangkuk adunan. Campurkan bahan-bahan yang tinggal bersama sehingga sebiji bola terbentuk.

b) Canai doh ke dalam loyang bentuk spring atau loyang pai. Simpan dalam peti sejuk sehingga sedia untuk digunakan.

c) Satukan jus lemon, kayu manis, dan gula dalam mangkuk adunan. Masukkan dengan epal dan toskan hingga berlapis. Ini adalah sesuatu yang boleh dilakukan lebih awal daripada masa.

d) Masukkan kulit lemon ke dalam susu. Didihkan susu, kemudian kecilkan api perlahan selama 10 minit. Sementara itu, dalam kuali sos yang berat, pukul bersama kuning telur dan gula.

e) Apabila susu sudah siap, tuangkan perlahan-lahan ke dalam adunan kuning telur sambil sentiasa dipukul dengan api perlahan. Masukkan tepung perlahan-lahan sambil dipukul dengan api perlahan.

f) Teruskan pukul adunan hingga sebati dan pekat. Keluarkan kuali dari api. Masukkan mentega perlahan-lahan hingga cair.

g) Isikan kerak dengan kastard. Untuk membuat satu atau dua lapisan, letakkan epal di atas. Letakkan torte dalam ketuhar 350°F selama kira-kira 1 jam selepas ia siap.

h) Angkat dan ketepikan untuk sejuk. Apabila epal cukup sejuk untuk dikendalikan, panaskan jeli pilihan anda dan gerimis di atasnya.

i) Ketepikan jeli untuk menyejukkan. Hidang.

63. C kastard aramel

Hidangan : 1 Hidangan

Bahan

- ½ cawan Gula pasir
- 1 sudu kecil air
- 4 Kuning telur atau 3 biji telur keseluruhan
- 2 cawan Susu, melecur
- ½ sudu teh Ekstrak vanila

Arah :

a) Dalam kuali besar, satukan 6 sudu besar gula dan 1 cawan air. Panaskan dengan api perlahan, goncang atau pusing sekali-sekala menggunakan sudu kayu untuk mengelakkan hangus, sehingga gula bertukar menjadi keemasan.

b) Tuangkan sirap karamel ke dalam loyang cetek (8x8 inci) atau pinggan pai secepat mungkin. Biarkan sejuk sehingga keras.

c) Panaskan ketuhar hingga 325 darjah Fahrenheit.

d) Pukul kuning telur atau keseluruhan telur bersama-sama. Campurkan susu, ekstrak vanila, dan baki gula sehingga sebati.

e) Tuangkan karamel yang telah disejukkan di atas.

f) Letakkan hidangan pembakar dalam mandi air panas. Bakar selama 1-112 jam, atau sehingga bahagian tengah ditetapkan. Sejuk, sejuk, sejuk.

g) Untuk menghidang, terbalikkan ke atas pinggan hidangan dengan berhati-hati.

64. kek keju Sepanyol

Hidangan : 10 hidangan

Bahan

- 1 paun Keju krim
- 1½ cawan gula; Berbutir
- 2 egg
- ½ sudu teh Kayu manis; tanah
- 1 sudu kecil Kulit Limau; Parut
- ¼ cawan Tepung Tidak Diluntur
- ½ sudu teh garam
- 1 x Gula Gula
- 3 sudu besar Mentega

Arah :

a) Panaskan ketuhar hingga 400 darjah Fahrenheit. Campurkan keju, 1 sudu besar mentega, dan gula dalam besen adunan yang besar. Jangan belasah.

b) Masukkan telur satu persatu, pukul sebati selepas setiap penambahan.

c) Satukan kayu manis, kulit limau, tepung, dan garam. Mentegakan kuali dengan baki 2 sudu besar mentega, ratakan dengan jari anda.

d) Tuangkan adunan ke dalam loyang yang disediakan dan bakar pada suhu 400 darjah selama 12 minit, kemudian turunkan kepada 350 darjah dan bakar selama 25 hingga 30 minit lagi. Pisau hendaklah bebas daripada sebarang sisa.

e) Apabila kek telah sejuk ke suhu bilik, taburkan dengan gula gula.

65. Kastard goreng Sepanyol

Hidangan : 8 hidangan

Bahan

- 1 Kulit kayu manis
- Kupas 1 lemon
- 3 cawan susu
- 1 cawan gula
- 2 sudu besar Tepung jagung
- 2 sudu teh Kayu manis
- tepung; untuk mengorek
- Basuh telur
- Minyak zaitun; untuk menggoreng

Arah :

a) Satukan batang kayu manis, kulit limau, 34 cawan gula, dan 212 cawan susu dalam periuk dengan api sederhana.

b) Masak sehingga mendidih, kemudian kecilkan api dan masak selama 30 minit. Keluarkan kulit limau dan batang kayu manis. Satukan baki susu dan tepung jagung dalam besen adunan kecil.

c) Pukul sebati. Dalam aliran perlahan dan mantap, kacau campuran tepung jagung ke dalam susu yang dipanaskan. Didihkan, kemudian kecilkan api dan masak selama 8 minit, kacau kerap. Angkat dari api dan tuang ke dalam loyang 8 inci yang telah disapu mentega.

d) Biarkan sejuk sepenuhnya. Tutup dan sejukkan sehingga sejuk sepenuhnya. Buat segi tiga 2 inci daripada kastard.

e) Satukan baki 14 cawan gula dan kayu manis dalam mangkuk adunan. Gaul sebati. Korek segitiga dalam tepung sehingga tertutup sepenuhnya.

f) Celupkan setiap segi tiga dalam basuhan telur dan titiskan lebihan. Kembalikan kastard ke dalam tepung dan salutkan sepenuhnya.

g) Panaskan minyak dalam kuali tumis besar dengan api sederhana. Letakkan segitiga dalam minyak panas dan goreng selama 3 minit, atau sehingga perang di kedua-dua belah.

h) Keluarkan ayam dari kuali dan toskan pada tuala kertas. Gaulkan dengan bancuhan gula kayu manis dan perasakan dengan garam dan lada sulah.

i) Teruskan dengan seluruh segi tiga dengan cara yang sama.

66. Pai articok Itali

Hidangan : 8 Hidangan

Bahan

- 3 Telur; Dipukul
- 1 3 Oz Pakej Krim Keju Dengan Daun Kucai; Dilembutkan
- ¾ sudu teh Serbuk Bawang putih
- ¼ sudu teh Lada
- 1½ cawan Keju Mozzarella, Bahagian Susu Skim; dicincang
- 1 cawan Keju ricotta
- ½ cawan Mayonis
- 1 14 Oz Can Artichoke Hearts; Kering
- ½ 15 Oz Tin Garbanzo Kacang, Tin; Dibilas Dan Toskan
- 1 2 1/4 Oz Tin Dihiris Zaitun; Kering
- 1 2 Oz Jar Pimientos; Dipotong dadu Dan Toskan
- 2 sudu besar pasli; Dipotong
- 1 Kerak Pai (9 Inci); Tidak dibakar
- 2 kecik tomato; dihiris

Arah :

a) Satukan telur, keju krim, serbuk bawang putih, dan lada sulah dalam besen adunan besar. Satukan 1 cawan keju mozzarella, keju ricotta dan mayonis dalam mangkuk adunan.

b) Kacau sehingga semuanya sebati.

c) Potong 2 jantung articok separuh dan ketepikan. Potong hati yang lain.

d) Masukkan campuran keju dengan hati cincang, kacang garbanzo, buah zaitun, pimientos dan pasli. Isikan kulit pastri dengan adunan.

e) Bakar selama 30 minit pada suhu 350 darjah. Baki keju mozzarella dan keju Parmesan hendaklah ditaburkan di atasnya.

f) Bakar selama 15 minit lagi atau sehingga set.

g) Biarkan berehat selama 10 minit.

h) Di bahagian atas, susun hirisan tomato dan hati articok dibelah empat.

i) Hidang

67. pic panggang Itali

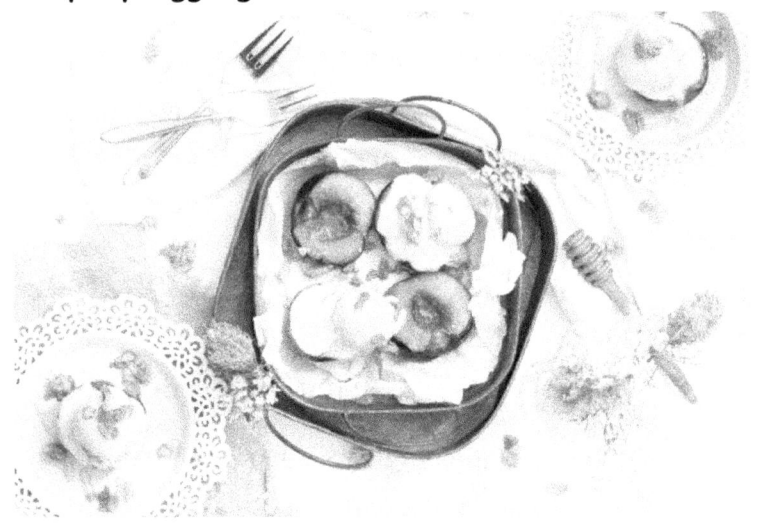

Hidangan : 1 Hidangan

Bahan

- 6 Buah pic masak
- ⅓ cawan gula
- 1 cawan Badam tanah
- 1 Kuning telur
- ½ sudu teh Ekstrak badam
- 4 sudu besar Mentega
- ¼ cawan Badam dihiris
- Krim pekat , pilihan

Arah :

a) Panaskan ketuhar hingga 350 darjah Fahrenheit. Buah pic hendaklah dibilas, dibelah dua dan diadu. Dalam pemproses makanan, puri 2 daripada separuh pic.

b) Dalam hidangan adunan, satukan puri, gula, badam kisar, kuning telur, dan ekstrak badam. Untuk membuat pes halus, satukan semua Bahan dalam mangkuk adunan.

c) Tuangkan inti ke atas setiap separuh pic dan tetapkan bahagian pic yang telah diisi dalam dulang pembakar mentega.

d) Taburkan dengan hirisan badam dan sapu baki mentega ke atas pic sebelum dibakar selama 45 minit.

e) Hidangkan panas atau sejuk, dengan sisi krim atau ais krim.

68. Kek prune-plum Itali yang pedas

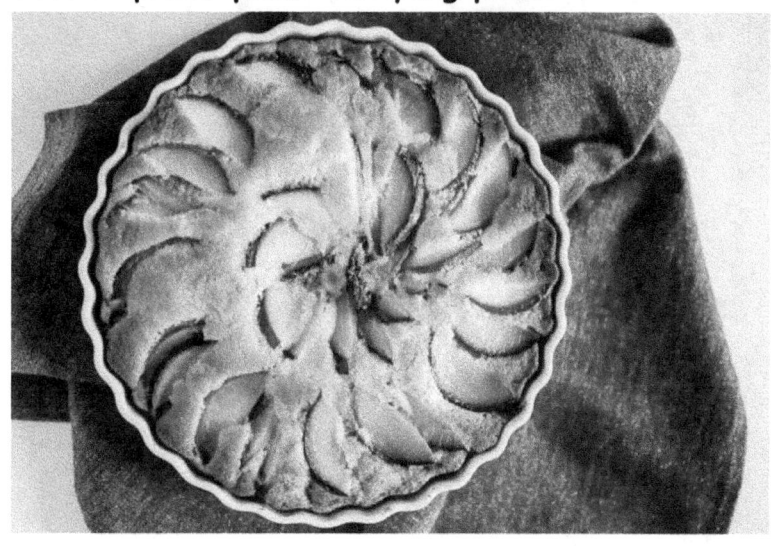

Hidangan : 12 hidangan

Bahan

- 2 cawan Itali yang diadu dan berempat
- Prun-plum, dimasak sehingga
- Lembut dan sejuk
- 1 cawan Mentega tanpa garam, dilembutkan
- 1¾ cawan Gula pasir
- 4 Telur
- 3 cawan Tepung yang diayak
- ¼ cawan Mentega tanpa garam
- ½ paun Gula serbuk
- 1½ sudu besar Koko tanpa gula
- secubit garam
- 1 sudu kecil Kayu manis
- ½ sudu teh Bunga cengkih dikisar
- ½ sudu teh Buah pala dikisar
- 2 sudu teh Serbuk penaik

- ½ cawan susu
- 1 cawan Walnut, dicincang halus
- 2 Hingga 3 sudu besar kuat, panas
- Kopi
- ¾ sudu teh Vanila

Arah:

a) Panaskan ketuhar hingga 350°F. Mentega dan tepung loyang Bundt 10 inci.

b) Dalam besen adunan besar, pukul mentega dan gula hingga lembut dan gebu.

c) Pukul telur satu persatu.

d) Satukan tepung, rempah ratus, dan baking soda dalam penapis. Dalam ketiga, masukkan campuran tepung ke dalam adunan mentega, berselang seli dengan susu. Pukul sahaja untuk sebatikan Bahan.

e) Masukkan prun-plum dan walnut yang telah dimasak dan kacau hingga sebati. Tukar ke dalam kuali yang disediakan dan bakar selama 1 jam dalam ketuhar 350°F, atau sehingga kek mula mengecut dari sisi kuali.

f) Untuk membuat pembekuan, krim bersama mentega dan gula gula. Masukkan gula dan serbuk koko secara beransur-ansur, kacau sentiasa sehingga sebati. Perasakan dengan garam.

g) Kacau dalam sedikit kopi pada satu masa.

h) Pukul hingga kembang dan kembang, kemudian masukkan vanila dan hiaskan kek.

69. S gula-gula kacang panish

Hidangan : 1 Hidangan

Bahan

- 1 cawan susu
- 3 cawan Gula merah muda
- 1 Sudu besar mentega
- 1 sudu kecil Ekstrak vanila
- 1 paun daging walnut; dicincang

Arah :

a) Didihkan susu bersama gula perang sehingga menjadi karamel, kemudian masukkan mentega dan esen vanila sejurus sebelum dihidangkan.

b) Sejurus sebelum mengeluarkan gula-gula dari api, masukkan walnut.

c) Dalam mangkuk adunan yang besar, satukan kacang dengan teliti dan sudukan adunan ke dalam tin muffin yang disediakan.

d) Potong segi empat sama dengan pisau tajam dengan segera.

70. Puding Honeyed

Hidangan : 6 hidangan

Bahan

- ¼ cawan Mentega tanpa garam
- 1½ cawan susu
- 2 besar Telur; dipukul ringan
- 6 keping Roti negara putih; koyak
- ½ cawan Jelas; madu nipis, ditambah
- 1 sudu besar Jelas; madu nipis
- ½ cawan Air panas; tambah lagi
- 1 sudu besar Air panas
- ¼ sudu teh Serbuk kayu manis
- ¼ sudu teh Vanila

Arah :

a) Panaskan ketuhar hingga 350 darjah dan gunakan sedikit mentega untuk mentega hidangan pai kaca 9 inci. Pukul susu dan telur, kemudian masukkan kepingan roti dan putar hingga rata.

b) Biarkan roti direndam selama 15 hingga 20 minit, terbalikkan sekali atau dua kali. Dalam kuali nonstick yang besar, panaskan baki mentega di atas api sederhana.

c) Goreng roti yang direndam dalam mentega sehingga keemasan, kira-kira 2 hingga 3 minit pada setiap sisi. Pindahkan roti ke dalam loyang.

d) Dalam mangkuk, satukan madu dan air panas dan kacau sehingga adunan sebati.

e) Kacau dalam kayu manis dan vanila dan gerimis campuran di atas dan sekitar roti.

f) Bakar selama kira-kira 30 minit, atau sehingga perang keemasan.

71. Torte bawang Sepanyol

Hidangan : 2 hidangan

Bahan

- ½ sudu teh Minyak zaitun
- 1 liter bawang Sepanyol
- ¼ cawan air
- ¼ cawan Wain merah
- ¼ sudu teh Rosemary kering
- 250 gram Kentang
- 3/16 cawan Yogurt semulajadi
- ½ sudu besar Tepung
- ½ Telur
- ¼ cawan keju parmesan
- ⅛ cawan Pasli Itali cincang

Arah :

a) Sediakan bawang Sepanyol dengan menghiris nipis dan memarut kentang dan keju parmesan.

b) Dalam kuali berdasar berat, panaskan minyak. Masak, kacau sekali-sekala, sehingga bawang lembut.

c) Rebus selama 20 minit, atau sehingga cecair telah sejat dan bawang telah bertukar warna coklat gelap kemerah-merahan.

d) Campurkan rosemary, kentang, tepung, yogurt, telur, dan keju parmesan bersama-sama dalam mangkuk adunan. Masukkan bawang.

e) Dalam pinggan flan kalis ketuhar 25cm yang telah digris dengan baik, ratakan Bahan-bahan tersebut. Panaskan ketuhar hingga 200°C dan bakar selama 35-40 minit, atau sehingga perang keemasan.

f) Hiaskan dengan pasli sebelum dipotong menjadi kepingan dan dihidangkan.

72. Soufflé kuali Sepanyol

Hidangan : 1

Bahan

- 1 Nasi Perang Pantas Sepanyol Kotak
- 4 Telur
- 4 auns Cili hijau dicincang
- 1 cawan air
- 1 cawan Keju parut

Arah :

a) Ikut pembungkusan Arahan untuk memasak kandungan kotak.

b) Apabila nasi siap, pukul dalam baki Bahan, tidak termasuk keju.

c) Teratas dengan keju parut dan bakar pada suhu 325°F selama 30-35 minit.

73. Madu Beku Semifreddo

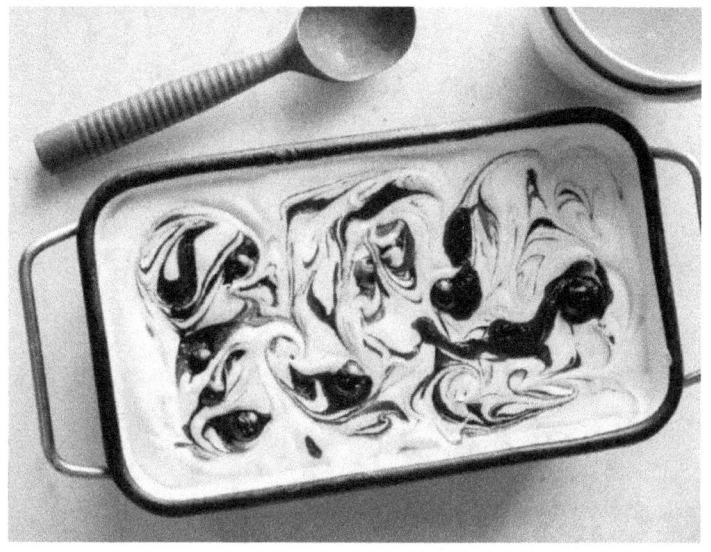

Hidangan: 8 hidangan

bahan-bahan

- 8 auns krim berat
- 1 sudu teh ekstrak vanila
- 1/4 sudu teh air mawar
- 4 biji telur besar
- 4 1/2 auns madu
- 1/4 sudu teh ditambah 1/8 sudu teh garam halal
- Topping seperti buah yang dihiris, kacang panggang, biji koko atau coklat yang dicukur

Arah

a) Panaskan ketuhar hingga 350°F. Alaskan loyang roti 9 kali 5 inci dengan bungkus plastik atau kertas kulit.

b) Untuk Semifreddo, dalam mangkuk pengadun berdiri yang dilengkapi dengan lampiran pukul, pukul krim, vanila, dan air mawar sehingga kaku.

c) Pindahkan ke mangkuk atau pinggan yang berasingan, tutup dan sejukkan sehingga sedia untuk digunakan.

d) Dalam mangkuk pengadun berdiri, pukul bersama telur, madu, dan garam. Untuk mengadun, gunakan spatula fleksibel untuk mengacau semuanya. Laraskan haba untuk mengekalkan reneh perlahan di atas tab mandi air yang disediakan, pastikan mangkuk tidak menyentuh air.

e) Dalam besen keluli tahan karat, masak, berputar dan mengikis dengan kerap menggunakan spatula fleksibel, sehingga dipanaskan hingga 165°F, kira-kira 10 minit.

f) Pindahkan adunan ke dalam pengadun berdiri yang dilengkapi dengan alat pemukul apabila ia mencapai 165°F. Pukul telur dengan tinggi sehingga berbuih.

g) Pukul perlahan separuh daripada krim putar yang disediakan dengan tangan. Masukkan bahan yang tinggal , pukul cepat, kemudian lipat dengan spatula fleksibel sehingga sebati.

h) Kikis ke dalam kuali roti yang disediakan, tutup rapat, dan bekukan selama 8 jam atau sehingga cukup pejal untuk dihiris, atau sehingga suhu dalaman mencapai 0°F.

i) Terbalikkan semifreddo ke atas hidangan yang telah disejukkan untuk dihidangkan.

74. Zabaglione

Hidangan: 4

bahan-bahan

- 4 biji kuning telur
- 1/4 cawan gula
- 1/2 cawan Marsala Kering atau wain putih kering lain
- beberapa tangkai pudina segar

Arah :

a) Dalam bekas tahan panas, pukul bersama kuning dan gula sehingga kuning pucat dan berkilat. Marsala kemudiannya harus dimasukkan.

b) Didihkan periuk sederhana separuh penuh dengan air. Mula pukul campuran telur/wain dalam mangkuk kalis haba di atas periuk.

c) Teruskan pukul selama 10 minit dengan pemukul elektrik (atau pemukul) di atas air panas.

d) Gunakan termometer baca segera untuk memastikan bahawa campuran mencapai 160°F semasa tempoh memasak.

e) Keluarkan dari api dan sendukkan zabaglione ke atas buah yang telah disediakan, hiaskan dengan daun pudina segar.

f) Zabaglione juga lazat dihidangkan di atas ais krim atau sendiri.

75. Affogato

Hidangan: 1

bahan-bahan

- 1 scoop Aiskrim Vanila
- 1 suntikan Espresso
- Sedikit Sos Coklat , pilihan

Arah :

a) Dalam gelas, letakkan satu sudu ais krim vanila dan 1 pukulan espresso.

b) S erve!

MINUMAN MEDITERRANEAN

76. Rum dan Halia

Hidangan: 1 Orang

bahan-bahan :

- 50ml rum Bacardi
- 100ml bir Halia
- 2 keping limau nipis
- 2 sengkang Angostura pahit
- 1 tangkai pudina

Arah :

a) Masukkan ais ke dalam gelas.

b) Tambah jus limau nipis, rum, bir halia, dan pahit .

c) Perlahan-lahan kacau Bahan bersama.

d) Hiaskan dengan hirisan limau nipis dan daun pudina.

e) Hidang.

77. Soda krim Itali

Hidangan: 1 Hidangan

Bahan

- 1 auns susu sejuk
- 1 auns Hingga 1 1/2 oz Peach atau rasa sirap lain
- ais
- 9 auns air berkilauan
- Buah segar atau separuh setengah untuk hiasan

Arah :

a) Dalam gelas 12 oz, satukan susu dan sirap dan kacau dengan teliti.

b) Isi gelas separuh dengan ais, kemudian tutup dengan air berkilauan. Kacau sekali lagi.

c) Hidangkan dengan buah segar atau satu sudu teh setengah setengah sebagai hiasan.

78. Sangria Sepanyol

Hidangan: 6 hingga 8 hidangan

bahan-bahan

- 1 oren, dihiris
- 2 biji lemon, dihiris
- 1/2 cawan gula
- 2 botol wain merah
- 2 auns triple sec
- 1/2 cawan brendi
- 2 (12-auns) tin soda lemon-limau

Arah :

a) Dalam mangkuk besar, potong oren dan limau ke dalam kepingan tebal 1/8 inci.

b) Tambah 1/2 cawan gula (atau kurang jika dikehendaki) dan biarkan buah-buahan berendam dalam gula selama kira-kira 10 minit, cukup lama untuk jus semulajadi buah mengalir.

c) Masukkan wain dan kacau rata untuk membubarkan gula.

d) Masukkan triple sec dan brendi.

e) Masukkan 2 tin soda dan kacau

f) Tambah lebih banyak gula atau soda jika mahu. Semak untuk melihat sama ada gula telah larut sepenuhnya.

g) Untuk menyejukkan mangkuk penumbuk sepenuhnya, tambahkan sejumlah besar ais.

h) Jika anda menghidangkan sangria dalam kendi, isikannya dengan ais separuh dan kemudian tuangkan sangria ke atasnya.

79. Tinto de verano

Hidangan: 1 hidangan

bahan-bahan

- 3 hingga 4 kiub ais
- 1/2 cawan wain merah
- 1/2 cawan soda lemon-limau
- Sepotong lemon, untuk hiasan

Arah :

a) Dalam gelas tinggi, letakkan kiub ais.

b) Masukkan wain merah dan soda.

c) Hidangkan bersama hirisan lemon sebagai hiasan.

80. Sangria Wain Putih

Hidangan: 8 hidangan

bahan-bahan

- 3 oren sederhana atau 1 cawan jus oren
- 1 biji lemon, dipotong menjadi kepingan
- 1 biji limau purut, potong kiub
- 1 botol wain putih, sejuk
- 2 auns brendi, pilihan
- 2/3 cawan gula putih
- 2 cawan soda kelab, atau bir halia

Arah :

a) Dalam periuk, perah jus dari hirisan sitrus.

b) Keluarkan biji dan masukkan ke dalam baji jika boleh. Isi periuk dengan jus oren jika anda menggunakannya sebaliknya.

c) Tuangkan wain putih ke atas buah di dalam periuk.

d) Masukkan brendi dan gula, jika guna. Untuk memastikan semua gula dibubarkan, kacau dengan kuat.

e) Simpan di dalam peti sejuk jika tidak dihidangkan segera.

f) Untuk memastikan sangria berkilauan, tambahkan bir halia atau soda kelab sebelum dihidangkan.

81. Horchata

Hidangan: 4 hidangan

bahan-bahan

- 1 cawan beras putih bijirin panjang
- 1 batang kayu manis, patah
- 1 sudu kecil perahan limau nipis
- 5 cawan air minuman (dibahagikan)
- 1/2 cawan gula pasir

Arah :

a) Tumbuk beras dalam pengisar sehingga ia mencapai konsistensi tepung.

b) Toskan dengan batang kayu manis dan kulit limau nipis, dan biarkan di dalam bekas kedap udara pada suhu bilik semalaman.

c) Kembalikan adunan beras ke dalam pengisar dan proses sehingga serpihan kayu manis hancur sepenuhnya.

d) Masukkan 2 cawan air ke dalam adunan.

e) Rendam di dalam peti sejuk selama beberapa jam.

f) Tapis cecair melalui ayak halus atau beberapa lapisan kain keju ke dalam periuk kera atau mangkuk, picit dengan kerap untuk mengeluarkan sebanyak mungkin air beras susu.

g) Masukkan 3 cawan air dan gula kacau sehingga gula larut sepenuhnya.

h) Sejukkan horchata sebelum dihidangkan.

82. Licor 43 Cuba Percuma

Hidangan: 1 hidangan

bahan-bahan

- 1 auns Licor 43
- 1/2 auns rum
- 8 auns cola
- 1/2 auns jus lemon
- Hirisan lemon, untuk hiasan

Arah :

a) Letakkan kiub ais dalam gelas 12 auns.

b) Masukkan Licor 43 dan rum ke dalam gelas; tutup dengan cola.

c) Perah jus lemon ke dalam gelas; Kacau hingga sebati; dan hidangkan bersama hirisan limau nipis sebagai hiasan.

d) Nikmati!

83. Buah Agua Fresca

bahan-bahan

- 4 cawan air minuman
- 2 cawan buah segar
- 1/4 cawan gula
- 2 sudu teh jus limau nipis yang diperah segar
- limau nipis untuk hiasan
- ais

Arah :

a) Satukan air, gula, dan buah dalam pengisar.

b) Haluskan sehingga halus sepenuhnya. Isi periuk atau bekas hidangan separuh dengan adunan.

c) Masukkan air limau nipis dan kacau hingga sebati. Jika perlu, tambahkan lebih banyak gula selepas merasai.

d) Hidangkan bersama hirisan lemon atau limau nipis sebagai hiasan.

e) Jika mahu, hidangkan di atas ais.

84. Caipirinha

Hidangan: 1 hidangan

bahan-bahan

- 1/2 biji limau purut
- 1 1/2 sudu teh gula halus
- 2 auns cachaça/Arak Tebu
- Roda kapur, untuk hiasan

Arah :

a) Potong separuh kapur menjadi kepingan kecil menggunakan pisau.

b) Kacau limau dan gula bersama-sama dalam gelas lama.

c) Masukkan cachaça ke dalam minuman dan kacau rata.

d) Masukkan kiub ais kecil atau ais pecah ke dalam gelas, kacau lagi, kemudian hiaskan dengan roda kapur.

85. Carajillo

bahan-bahan

- ½ cawan espresso yang dibancuh atau espresso tanpa kafein
- 1 ½ hingga 2 auns Licor 43
- 8 ketul ais

Arah :

a) Tuangkan 12 hingga 2 auns Licor 43 ke atas ais dalam gelas Old Fashioned.

b) Sendukkan espresso yang baru dibancuh di atas perlahan-lahan.

c) Tuangkan espresso ke atas belakang sudu untuk menghasilkan kesan bertingkat, kemudian hidangkan.

86. Liqueur Lemon

bahan-bahan

- 10 lemon lebih disukai organik
- 4 cawan vodka berkualiti tinggi seperti Angsa Kelabu
- 3 ½ cawan air
- 2 ½ cawan gula pasir

Arah :

a) Basuh limau dengan berus sayur-sayuran dan air panas untuk mengeluarkan sebarang sisa racun perosak atau lilin. Keringkan buah limau.

b) Keluarkan kulit dari limau dalam jalur panjang dengan pengupas sayuran, hanya menggunakan bahagian luar kuning kulitnya. Empulur, yang merupakan bahagian putih di bawah kulitnya, sangat pahit. Simpan limau untuk digunakan dalam hidangan lain.

c) Dalam balang atau periuk besar, tuangkan vodka.

d) Toskan kulit limau ke dalam balang atau periuk besar dan tutup dengan penutup atau bungkus plastik.

e) Curam kulit lemon dalam vodka pada suhu bilik selama 10 hari.

f) Selepas 10 hari, masukkan air dan gula ke dalam periuk besar di atas api sederhana dan biarkan mendidih perlahan, kira-kira 5 - 7 minit. Biarkan sejuk sepenuhnya.

g) Keluarkan sirap dari api dan ketepikan untuk menyejukkan sebelum menggabungkannya dengan campuran Limoncello kulit lemon dan vodka. Isikan separuh adunan lemon/vodka dengan sirap gula.

h) Menggunakan penapis mesh, penapis kopi, atau kain tipis, tapis limoncello.

i) Buang kulitnya. Menggunakan corong kecil, pindahkan ke botol gaya pengapit hiasan.

j) Sejukkan botol sehingga ia benar-benar sejuk.

87. Sgroppino

bahan-bahan

- 4 oz vodka
- 8 oz Prosecco
- 1 kelompok sorbet lemon
- Hiasan Pilihan
- kulit limau
- hirisan lemon
- putar lemon
- daun pudina segar
- daun selasih segar

Arah :

a) Dalam pengisar, satukan tiga Bahan pertama.

b) Proses sehingga halus dan sebati.

c) Hidangkan dalam seruling champagne atau gelas wain.

88. Aperol Spritz

bahan-bahan

- 3 auns prosecco
- 2 auns Aperol
- 1 auns soda kelab
- Hiasan: hirisan oren

Arah :

a) Dalam gelas wain yang diisi dengan ais, pukul bersama prosecco, Aperol, dan soda kelab.

b) Masukkan hirisan oren sebagai hiasan.

89. Blackberry Italian Soda

bahan-bahan

- 1/3 cawan Blackberry Syrup
- 2/3 cawan soda kelab

Arah

a) Dalam gelas 10 auns, tuangkan sirap.

b) Masukkan soda dan kacau rata.

90. Kopi Itali Granita

bahan-bahan

- 4 cawan air
- 1 cawan kopi panggang espreso yang dikisar
- 1 cawan gula

Arah :

a) Didihkan air, kemudian masukkan kopi. Tuangkan kopi melalui penapis. Masukkan gula dan gaul rata. Biarkan campuran sejuk ke suhu bilik.

b) Goreng **Bahan** dalam kuali 9x13x2 selama 20 minit. Menggunakan spatula rata, kikis adunan (saya suka menggunakan garpu secara peribadi).

c) Kikis setiap 10-15 minit sehingga adunan pekat dan berpasir. Jika ketulan tebal terbentuk, purikannya dalam pemproses makanan sebelum mengembalikannya ke peti sejuk.

d) Hidangkan dengan sedikit krim sejuk dalam pencuci mulut yang cantik dan sejuk atau kelas Martini.

91. Lemonade Basil Itali

Hidangan: 6

bahan-bahan

- 3 biji limau
- ⅓ cawan gula
- 2 cawan air
- 1 cawan jus lemon
- ¼ cawan daun selasih segar

Untuk berkhidmat:

- 2 cawan air atau soda kelab yang disejukkan
- Ais hancur
- Hiaskan dengan hirisan lemon dan tangkai selasih

Arah :

a) Satukan gula, air, dan 1 cawan jus lemon dalam periuk dengan api sederhana.

b) Kacau dan masak sehingga adunan ini mendidih dan gula larut. Keluarkan kuali dari api dan kacau dalam daun selasih dan jalur kulit limau.

c) Biarkan selasih berendam dalam air selama 5-10 minit.

d) Keluarkan kepingan selasih dan kulit dari sirap selasih lemon dengan menapisnya. Sejukkan sehingga sejuk sepenuhnya dalam balang mason atau bekas bertutup lain.

e) Apabila anda sudah bersedia untuk menghidangkan air limau, gabungkan pekat limau, air atau soda kelab, ais hancur dan tangkai selasih dalam periuk.

f) Tuangkan ke dalam gelas berasingan.

g) Teratas dengan daun selasih segar dan hirisan lemon untuk hiasan.

92. Gingermore

bahan-bahan

- 1 oz jus limau
- 2 hirisan kecil halia segar
- 4 buah beri hitam
- Sanpellegrino Limonata

Arah :

a) Kacau beri hitam dan halia segar di bahagian bawah kaca yang kukuh dan tinggi (kapasiti 14 oz).

b) Masukkan kiub ais ke dalam gelas dan atas dengan Sanpellegrino Limonata.

c) Menggunakan sudu bar, satukan bahan-bahan dengan lembut.

d) Masukkan kulit lemon, beri hitam, dan pudina segar untuk hiasan.

93. Hugo

HIDANGAN 1

bahan-bahan

- 15 cl Prosecco, sejuk
- 2 cl sirap elderberry, atau sirap balsem lemon
- sepasang daun pudina
- 1 jus lemon yang baru diperah, atau jus limau
- 3 ketul ais
- air mineral berkilauan atau air soda
- hiris lemon, atau limau nipis untuk hiasan kaca atau sebagai hiasan

Arah :

a) Masukkan kiub ais, sirap dan daun pudina ke dalam gelas wain merah. Saya cadangkan untuk menepuk daun pudina terlebih dahulu kerana ini akan mengaktifkan aroma herba.

b) Tuangkan jus lemon atau limau nipis yang baru diperah ke dalam gelas. Letakkan sepotong lemon atau limau di dalam gelas dan tambah Prosecco sejuk.

c) Selepas beberapa saat, tambahkan percikan air mineral berkilauan.

94. Frappé buah segar Sepanyol

Hidangan : 6 hidangan

bahan-bahan :

- 1 cawan Tembikai , potong dadu
- 1 cawan Cantaloupe , dipotong dadu
- 1 cawan Nanas , potong dadu
- 1 cawan Mangga , dihiris
- 1 cawan Strawberi , dibelah dua
- 1 cawan jus oren
- $\frac{1}{4}$ cawan gula

Arah :

a) Satukan semua **Bahan** dalam mangkuk adunan. Isi pengisar separuh dengan kandungan dan tambahkan dengan ais pecah.

b) Tutup dan gabungkan pada kelajuan tinggi sehingga anda mendapat konsistensi yang konsisten. Rep dengan baki adunan.

c) Hidangkan segera, dengan buah segar di sisi jika dikehendaki.

95. S coklat panas ala panish

Hidangan : 6 Hidangan

Bahan

- ½ paun Coklat Sweet Baker
- 1 liter susu; (atau 1/2 Susu separuh Air)
- 2 sudu teh Tepung jagung

Arah :

a) Pecahkan coklat kepada kepingan kecil dan satukan dengan susu dalam periuk.

b) Panaskan perlahan-lahan, kacau sentiasa dengan pemukul, sehingga adunan mencapai betul-betul di bawah takat didih.

c) Dengan menggunakan beberapa sudu teh air, larutkan tepung jagung.

d) Masukkan tepung jagung yang telah dilarutkan ke dalam adunan coklat sehingga cecair pekat.

e) Hidangkan segera dalam gelas suam.

96. Chinotto hijau

bahan-bahan :

- 1 oz/3 cl sage dan sirap pudina
- ¾ oz/2.5 cl jus limau
- Tambah nilai dengan Sanpellegrino Chinotto

Arah :

a) Tuangkan semua sirap dan jus ke dalam gelas yang besar dan kukuh.

b) Menggunakan sudu bar, kacau semuanya dengan teliti.

c) Tambah ais ke dalam gelas dan tutup dengan Sanpellegrino Chinotto.

d) Hidangkan dengan bahagian limau nipis dan pudina segar sebagai hiasan.

97. Rose Spritz

Hidangan : 1 minuman

bahan-bahan

- 2 auns mawar Aperitivo atau minuman keras mawar
- 6 auns Prosecco atau wain berkilauan
- 2 auns soda
- Hirisan limau gedang untuk hiasan

Arah :

a) Dalam shaker koktel, gabungkan 1 bahagian rose Aperitivo, 3 bahagian Prosecco, dan 1 bahagian soda.

b) Goncang kuat-kuat dan tapis ke dalam gelas koktel.

c) Masukkan ais yang telah dihancurkan atau kiub ais.

d) Masukkan hirisan limau gedang sebagai hiasan. Minum secepat mungkin.

98. Ho ney bee cortado

bahan-bahan :

- 2 tembakan espresso
- 60 ml susu kukus
- 0.7 ml sirap vanila
- 0.7 ml sirap madu

Arah :

a) Buat pukulan espresso berganda.

b) Didihkan susu.

c) Toskan kopi dengan sirap vanila dan madu dan kacau rata.

d) Buih lapisan nipis di atas campuran kopi/sirap dengan menambah bahagian susu yang sama.

99. Pahit jeruk

Hidangan: 2

bahan-bahan :

- 4 biji oren sebaiknya organik
- 3 Sudu besar bunga lawang
- 1 Sudu besar bunga cengkih
- 1 Sudu besar buah pelaga hijau
- 1 Sudu besar akar gentian
- 2 cawan vodka atau alkohol kuat lain

Arah :

a) Dalam balang kaca, masukkan kulit/kulit oren kering, rempah lain dan akar gentian. Untuk mendedahkan biji dalam buah pelaga, hancurkan mereka.

b) Menggunakan alkohol kalis kuat pilihan anda, tutup sepenuhnya kulit oren dan rempah.

c) Goncang campuran dengan alkohol untuk beberapa hari akan datang. Biarkan beberapa hari hingga minggu untuk kulit oren dan rempah meresap ke dalam alkohol.

d) Daripada tincture alkohol yang kini berperisa, tapis kulit dan rempah.

100. Pisco Sour

Hidangan 1

bahan-bahan

- 2 oz pisco
- 1 oz sirap ringkas
- ¾ oz jus limau utama
- 1 biji putih telur
- 2-3 sengkang Angostura pahit

Arah

a) Campurkan pisco, jus limau nipis, sirap ringkas dan putih telur dalam shaker koktel.

b) Tambah ais dan goncang secara agresif.

c) Tapis ke dalam gelas vintaj.

d) Hiaskan buih dengan sedikit pahit Angostura.

KESIMPULAN

Semasa kami menutup halaman "A Mediterranean Culinary Journey," kami berharap anda telah merasai kehangatan matahari Mediterranean dan pelukan warisan masakannya yang kaya. Melalui setiap resipi, anda telah berhubung dengan generasi dahulu dan sekarang, menemui seni mengubah bahan mudah menjadi hidangan luar biasa yang menyuburkan badan dan jiwa.

Semoga citarasa Mediterranean terus memberi inspirasi kepada pengembaraan dapur anda. Sama ada anda mencipta semula memori yang dihargai atau memulakan penerokaan masakan baharu, semoga semangat Mediterranean menyemai setiap gigitan dengan kegembiraan, kesyukuran dan rasa hubungan dengan dunia di sekeliling kita.

Terima kasih kerana memulakan perjalanan ini bersama kami. Sambil anda terus menikmati matahari melalui masakan anda, semoga meja anda menjadi tempat perayaan, perhubungan, dan kenikmatan yang paling murni dari citarasa kehidupan yang indah.

www.ingramcontent.com/pod-product-compliance
Lightning Source LLC
LaVergne TN
LVHW021653060526
838200LV00050B/2328